Elisabeth Hartmann

A Sarah dos Pampas

Elisabeth Hartmann

A Sarah dos Pampas

Reinaldo Braga

imprensaoficial

São Paulo, 2008

Governador   José Serra

imprensaoficial   Imprensa Oficial do Estado de São Paulo
Diretor-presidente   Hubert Alquéres

Coleção Aplauso
Coordenador Geral   Rubens Ewald Filho

Apresentação

Segundo o catalão Gaudí, *não se deve erguer monumentos aos artistas porque eles já o fizeram com suas obras.* De fato, muitos artistas são imortalizados e reverenciados diariamente por meio de suas obras eternas.

Mas como reconhecer o trabalho de artistas geniais de outrora, que para exercer seu ofício muniram-se simplesmente de suas próprias emoções, de seu próprio corpo? Como manter vivo o nome daqueles que se dedicaram à mais volátil das artes, escrevendo, dirigindo e interpretando obras-primas, que têm a efêmera duração de um ato?

Mesmo artistas da TV pós-videoteipe seguem esquecidos, quando os registros de seu trabalho ou se perderam ou são muitas vezes inacessíveis ao grande público.

A *Coleção Aplauso*, de iniciativa da Imprensa Oficial, pretende resgatar um pouco da memória de figuras do Teatro, TV e Cinema que tiveram participação na história recente do País, tanto dentro quanto fora de cena.

Ao contar suas histórias pessoais, esses artistas dão-nos a conhecer o meio em que vivia toda uma classe que representa a consciência crítica da sociedade. Suas histórias tratam do contexto social no qual estavam inseridos e seu inevitável reflexo na arte. Falam do seu engajamento político em épocas adversas à livre expressão e as conseqüências disso em suas próprias vidas e no destino da nação.

Paralelamente, as histórias de seus familiares se entrelaçam, quase que invariavelmente, à saga dos milhares de imigrantes do começo do século passado no Brasil, vindos das mais variadas origens. Enfim, o mosaico formado pelos depoimentos compõe um quadro que reflete a identidade e a imagem nacional, bem como o processo político e cultural pelo qual passou o País nas últimas décadas.

Ao perpetuar a voz daqueles que já foram a própria voz da sociedade, a *Coleção Aplauso* cumpre um dever de gratidão a esses grandes símbolos da cultura nacional. Publicar suas histórias e personagens, trazendo-os de volta à cena, também cumpre função social, pois garante a preservação de parte de uma memória artística genuinamente brasileira, e constitui mais que justa homenagem àqueles que merecem ser aplaudidos de pé.

José Serra
Governador do Estado de São Paulo

Coleção Aplauso

O que lembro, tenho.
Guimarães Rosa

A *Coleção Aplauso*, concebida pela Imprensa Oficial, visa a resgatar a memória da cultura nacional, biografando atores, atrizes e diretores que compõem a cena brasileira nas áreas de cinema, teatro e televisão. Foram selecionados escritores com largo currículo em jornalismo cultural para esse trabalho em que a história cênica e audiovisual brasileira vem sendo reconstituída de maneira singular. Em entrevistas e encontros sucessivos estreita-se o contato entre biógrafos e biografados. Arquivos de documentos e imagens são pesquisados, e o universo que se reconstitui a partir do cotidiano e do fazer dessas personalidades permite reconstruir sua trajetória.

A decisão sobre o depoimento de cada um na primeira pessoa mantém o aspecto de tradição oral dos relatos, tornando o texto coloquial, como se o biografado falasse diretamente ao leitor.

Um aspecto importante da *Coleção* é que os resultados obtidos ultrapassam simples registros biográficos, revelando ao leitor facetas que também caracterizam o artista e seu ofício. Biógrafo e biografado se colocaram em reflexões que se estenderam sobre a formação intelectual e ideológica do artista, contextualizada na história brasileira, no tempo e espaço da narrativa de cada biografado.

São inúmeros os artistas a apontar o importante papel que tiveram os livros e a leitura em sua vida, deixando transparecer a firmeza do pensamento crítico ou denunciando preconceitos seculares que atrasaram e continuam atrasando nosso país. Muitos mostraram a importância para a sua formação terem atuado tanto no teatro quanto no cinema e na televisão, adquirindo linguagens diferenciadas – analisando-as com suas particularidades.

Muitos títulos extrapolam os simples relatos biográficos, explorando – quando o artista permite – seu universo íntimo e psicológico, revelando sua autodeterminação e quase nunca a casualidade por ter se tornado artista – como se carregasse desde sempre, seus princípios, sua vocação, a complexidade dos personagens que abrigou ao longo de sua carreira.

São livros que, além de atrair o grande público, interessarão igualmente a nossos estudantes, pois na *Coleção Aplauso* foi discutido o processo de criação que concerne ao teatro, ao cinema e à televisão. Desenvolveram-se temas como a construção dos personagens interpretados, a análise, a história, a importância e a atualidade de alguns dos personagens vividos pelos biografados. Foram examinados o relacionamento dos artistas com seus pares e diretores, os processos e as possibilidades de correção de erros no exercício do teatro e do cinema, a diferença entre esses veículos e a expressão de suas linguagens.

Gostaria de ressaltar o projeto gráfico da *Coleção* e a opção por seu formato de bolso, a facilidade para ler esses livros em qualquer parte, a clareza de suas fontes, a iconografia farta e o registro cronológico de cada biografado.

Se algum fator específico conduziu ao sucesso da *Coleção Aplauso* – e merece ser destacado –, é o interesse do leitor brasileiro em conhecer o percurso cultural de seu país.

À Imprensa Oficial e sua equipe coube reunir um bom time de jornalistas, organizar com eficácia a pesquisa documental e iconográfica e contar com a disposição e o empenho dos artistas, diretores, dramaturgos e roteiristas. Com a *Coleção* em curso, configurada e com identidade consolidada, constatamos que os sortilégios que envolvem palco, cenas, coxias, *sets* de filmagem, textos, imagens e palavras conjugados, e todos esses seres especiais – que nesse universo transitam, transmutam e vivem – também nos tomaram e sensibilizaram.

É esse material cultural e de reflexão que pode ser agora compartilhado com os leitores de todo o Brasil.

Hubert Alquéres
Diretor-presidente da
Imprensa Oficial do Estado de São Paulo

À memória do meu pai, Carlos Hartmann e à de minha mãe, Anna Erna Hartmann, sem cujo incentivo, eu talvez nunca tivesse pisado num palco.

Elisabeth Hartmann

Para minha mãe Vera Lúcia e minhas irmãs Maria Cristina, Ana Rosa e Rosana pela nossa história de amor e cumplicidade.

Para o padre João Luiz, pela nossa amizade e pelo seu trabalho pastoral com a classe artística.

Reinaldo Braga

Introdução

Conheci a *Coleção Aplauso* na abertura da 28ª Mostra de Cinema de São Paulo quando recebemos exemplares de lançamento. Ganhei a biografia de Carlos Reichenbach. Admirei a iniciativa tão necessária de resgate e manutenção da memória artística. Adorei a simplicidade da concepção do livro, pois poderia abranger mais gente e ao mesmo tempo despertava a curiosidade para o leitor se aprofundar. Já li muitos livros da *Coleção Aplauso* e gosto de lê-los. Nunca pensei que colaboraria num deles. É uma honra fazer parte desse projeto.

A honra se tornou maior e se transformou em dádiva por ser o livro biográfico da atriz Elisabeth Hartmann. Nasci em Formiga, cidade mineira não tão grande, e, na década de 70, o melhor canal era o da TV Tupi. Sempre gostei de livros desde criança, e, para mim, cinema e novelas são livros em que as histórias se tornam animadas. Sou louco por cinema e gosto mesmo de uma novela com história bem contada. Na minha infância, os filmes que podia ver no cinema da minha cidade eram os desenhos da Disney e os filmes do Mazzaropi, que via mais de uma vez sem nenhum problema só para ir ao cinema. Lá estava em muitos desses filmes que tanto gostava aquela linda e charmosa mulher de olhos claros.

Fui descobrir seu nome pelas novelas da Tupi. Guardo na memória sua atuação como Tetê em *A Barba Azul*, como Hilda sendo cortejada por um divertido Marcos Plonka em *O Bom Baiano*, como a madastra de *Cinderella 77*, no seriado *A Casa Fantástica*, que eu achava superinteressante. E, já adolescente, lembro-me da alemã dona da pensão em *Olhai os Lírios do Campo*, novela da TV Globo. Depois, quase não a vi mais atuando. Como não morava em São Paulo, nunca a tinha visto no teatro.

Em 2002, já religioso, fui transferido para a capital paulista e fui trabalhar com o padre João Luiz, que faz um trabalho pastoral com a classe artística há muitos anos. Numa Missa de Páscoa da classe, conheci Elisabeth Hartmann pessoalmente. Ecumênica e mulher de fé, lá estava a luterana participando com respeito e devoção da celebração. E ela continuava bela e charmosa, agora uma senhora. Encontramo-nos outras vezes e crescemos na amizade. Beth é uma ótima companhia, tem bom papo, é inteligente, atualizada, interessada na sua opinião e nas suas conquistas, carinhosa, divertida. Aprendi muito com ela sobre teatro, interpretação e direção assistindo juntos a algumas peças. Também por meio do empréstimo e presente de ótimos livros.

Em 2008, tive a grata satisfação de vê-la no palco por duas vezes. Em *A Noite do Aquário*, quando fui ver sua apresentação em Osasco-SP e em *Tio Vânia*, no Teatro Ágora. Duas interpretações maravilhosas. Sua presença no palco é muito forte.

Nossas conversas para o livro aconteceram em

quatro tardes no final do mês de junho de 2008. Iniciaram-se por volta de três da tarde e se estenderam prazerosamente até a noite, quando terminávamos com uma taça de vinho para nos esquentar do frio e celebrar a vida. Foram tardes agradáveis e Beth tem ótima memória. Lembra de sua carreira com detalhes e tem um humor muito inteligente, que espero seja percebido na leitura. Como me disse Eva Wilma, outra descendente alemã, isso é humor alemão.

De verdade, sinto-me agraciado por esse trabalho e o mais difícil foi concluí-lo à altura da homenageada. Suas correções e acréscimo por escrito da sua experiência em *Tio Vânia* só enriqueceram a minha tarefa. O título reflete bem esse humor a que me referi, pois ele é inteligente e crítico. O leitor vai entender que se trata de uma brincadeira, mas também de uma verdade, pois toda atriz que exerce bem sua missão pode sim ser comparada à grande Sarah Bernhardt.

Sou padre, portanto, minha missão é ser ponte entre Deus e os homens e vice-versa. Acredito na dramaturgia como um dos meios que o homem pode refletir sobre si mesmo, sua condição, seus relacionamentos e por aí se aproximar de Deus ou daquilo que Deus espera dele. Por isso, aceitei esse trabalho e sinto-me honrado com ele. Agradeço meus superiores que me permitiram dele participar.

Agradeço meu amigo Germano Pereira que foi o

elo que possibilitou eu ser convidado para esse projeto. Agradeço ao Rubens Ewald Filho pelo convite e pela confiança. Obrigado a Marcelo Pestana e Carlos Cirne pela assessoria e acolhida tão carinhosa, e ao Felipe Goulart pela cordialidade e pronto atendimento nas questões com a Imprensa Oficial. Recebi muito incentivo para essa empreitada. De modo especial agradeço ao Sílvio de Abreu, Alfredo Sternheim e Etty Fraser pela força e fotos conseguidas por meio deles.

Obrigado, Beth, pela honra da sua amizade e pela sua linda e confiante partilha. Deus a proteja e a ilumine sempre.

Reinaldo Braga

Capítulo I

A Origem Germânica

Os meus pais eram alemães. Meu pai, Carlos Hartmann, nasceu numa cidade chamada Darmstadt, que é próxima de Frankfurt. Ele era engenheiro. Veio para o Brasil, por volta de 1928, contratado por uma empresa construtora alemã para trabalhar em Porto Alegre, no Rio Grande do Sul. Ele ficou na firma por dois anos, depois resolveu abrir uma empresa própria. Voltou para a Alemanha para tratar desse assunto. Um dia visitando um museu, viu minha mãe, Anna Erna Hintze, que era professora, natural de Magteburg e que estava também de visita ao museu. Puxou conversa, foram tomar um chá após a visita e se enamoraram.

Meu pai voltou ao Brasil e eles se corresponderam por cartas. Numa delas, ele pediu minha mãe em casamento. Ela, mais que depressa aceitou, porque já tinha uns 36, 37 anos de idade. Meu pai tinha mais de 40 anos. Não diria que era um homem bonito, mas muito inteligente, sedutor, elegante. Ela estava apaixonada, mas deve também ter pensado que estava na hora de casar. Minha mãe veio para o Brasil e eles se casaram no dia 28 de outubro, pela manhã, no cartório, e na igreja, no fim da tarde. Ambos, luteranos. Na época, dizia-se que eram protestantes, hoje se diz Igreja Evangélica de Confissão Luterana.

Meu pai foi muito bem-sucedido no seu ramo, foi bem recebido e benquisto em Porto Alegre.

Depois de uns dois anos, eu nasci. Minha mãe já tinha quase 40 anos. Eu nasci, portanto, em 3 de abril na década de 30, na cidade de Porto Alegre, Rio Grande do Sul. Não vou especificar o ano, porque de repente quem lê vai pensar assim: ela é irmã da Dercy Gonçalves! Uma brincadeira em homenagem a essa grande atriz que passou dos 100 anos de idade. Por isso digo: nasci na década de 30. Fui registrada Elisabeth Anna Hartmann.

Sua mãe Anna, em 1926, na Alemanha

Capítulo II

A Infância e a Guerra

A princípio, nós morávamos numa casa alugada no bairro Independência, na capital gaúcha. Meu pai trabalhava muito e construiu uma casa para nós num lugar mais afastado, fora do perímetro urbano. Era uma casa muito bonita no bairro chamado Bela Vista. Engraçado que, depois, aqui em São Paulo, eu vim morar no bairro de Bela Vista. Apesar de mais afastada, tudo era muito bonito: a casa, os móveis, os cachorros... Era tudo bonito e bom.

Por causa da idade avançada dos dois, eles tiveram só a mim de filha. Como filha única, percebo hoje que aconteceu uma coisa muito boa na minha infância que me serviu como adulta. As pessoas que moravam mais próximas da minha casa eram pessoas muito humildes. E lá morava nossa lavadeira, dona Hilda. Ela tinha duas filhas. Era uma família negra. Eu brincava sempre com elas. E eu não sentia que eram negras. Para mim, isso foi muito importante na minha formação, porque eu não sinto diferença de cor ou mesmo outras diferenças como religião ou cultura. Minha mãe sempre foi muito acolhedora com todas as pessoas.

Nessa casa, eu passei minha infância até os 13 anos de idade. Com 7 anos, fui estudar num colégio que antes era alemão, mas como já tinha

Elisabeth com seu pai Carlos, em Porto Alegre

Elisabeth criança, e com seu pai Carlos e duas vizinhas na casa do bairro Independência

começado a guerra, ele se tornou um colégio brasileiro: Ginásio Farroupilha.

Nessa escola, fiz o primário e também o ginásio. Por causa da guerra, meus pais não retornaram para visitar os parentes que tinham na Alemanha.

No período da guerra, meu pai chegou a ser preso. Do lado da nossa casa, tinha um terreno que também era nosso. Nele, morava um homem chamado Justino que trabalhava como operário nas obras do meu pai e sua esposa Nena era nossa empregada. Houve algum problema com o Justino e além do meu pai tê-lo mandado embora, minha mãe teve que despedir a Nena também. Nós tínhamos um rádio que pegava até notícias da Alemanha. Meu pai ouvia muito alto, porque ele era um pouco surdo. Como vingança, o Justino, ouvindo o rádio, denunciou meu pai como espião alemão. A polícia veio e prendeu o meu pai. Levou também o rádio, os discos e os livros em alemão. Meu pai foi levado para a delegacia. Quando mudou o turno, o delegado da noite, que conhecia o meu pai, perguntou: *Hartmann, o que você está fazendo aqui? Não sei, apareceu um monte de gente na minha casa e me prenderam*, ele respondeu. O delegado descobriu que tinha sido uma denúncia anônima, mas logo suspeitaram do Justino. E meu pai foi solto.

Ainda no período da guerra, houve um problema com uma construção do meu pai. Isso foi muito comentado, por ele ser alemão e estar

Elisabeth criança

no período da guerra. Ele, que tinha sido tão bem-sucedido, construiu, por exemplo, uma parte das instalações da Fábrica de Tecelagem Renner, uma igreja luterana, que existe até hoje, a Igreja Martin Lutero, várias casas, etc. A partir desse incidente, meu pai passou a ter um declínio profissional. Junto veio também um declínio emocional forte e, em seguida, um declínio financeiro. Em conseqüência disso, tivemos que vender a casa.

Os chamados *súditos do Eixo* (alemães, italianos e japoneses) estavam proibidos de negociar propriedades. Como meu pai era alemão, ele só conseguiu realizar a venda porque o nosso advogado entrou com uma petição especial alegando que a filha era brasileira. Então, foi permitida a transação, mas mesmo assim uma parte do dinheiro ficou bloqueada no Banco do Brasil até hoje.

Nós fomos morar num pequeno apartamento na Avenida Farrapos, recém-inaugurada, por isso, bem bonita. Hoje, ela é uma avenida toda comercial. Para dizer a verdade, eu, com meus 13 anos, não me importei nada em sair daquela casa, porque era muito isolada. Já havia outras casas perto, mas era tudo longe, a gente não tinha mais o conforto do carro para se deslocar. Por isso, eu gostei bastante de ir morar no apartamento, era novidade, fiz novas amizades. Minha mãe foi quem sofreu muito. Ela adorava aquela casa, cada canto era uma relíquia.

Sem o escritório, meu pai fazia alguns projetos de arquitetura em casa. Porém, em decorrência de uma profunda depressão, ele ficou muito doente.

Foram dois anos lidando com a enfermidade. E o dinheiro da venda da casa sendo consumido. Após esse tempo, meu pai morreu. Aconteceu em casa, junto da gente. Foi a primeira vez que eu vi a morte tão de perto, porque ele morreu ali, na minha frente. Falou algumas coisas, deu um suspiro, olhou para mim e minha mãe e partiu.

Capítulo III

As Voltas da Vida

Com a morte do meu pai, ficamos só minha mãe e eu, pois os únicos parentes estavam na Alemanha, mas sem muito contato. Também estávamos com pouco dinheiro. Deu só para eu terminar o ginásio, pois tive que trabalhar para ajudar minha mãe. Terminei o ginásio com bolsa de estudos. O colégio era um dos melhores de Porto Alegre, caro e lá só estudavam filhos de famílias abastadas. Foi um período difícil, porque eu já não estava no padrão dos outros estudantes. O uniforme já tinha uns remendos. É engraçada essa situação hoje. Mas, faz parte da história. A vida tem umas coisas curiosas que passam até a ser divertidas.

O sonho dourado da minha vida era ser professora. Eu achava aquilo lindo demais. Tinha uma admiração pelos meus professores, uma admiração que chegava ao limite da timidez. Nunca pensei em ser atriz, não fui dessas pessoas que desde criança já sapateava, dançava, representava. Eu queria ser professora. Também porque minha mãe tinha sido professora e eu achava isso espetacular. Mas eu não podia estudar, porque o curso que formava professoras, no Instituto de Educação de Porto Alegre, não tinha horário noturno. E eu precisava trabalhar.

Meu primeiro emprego foi numa cervejaria chamada Cervejaria Continental, mais tarde

Ainda criança, com sua mãe

encampada pela Brahma. Eu trabalhava na contabilidade e embaixo do escritório funcionava a fábrica de gelo. Foi duro! Era um frio! Nem com duas, três meias, eu resolvia aquilo, porque o chão era gelado. Mas, eu gostava, as pessoas me tratavam muito bem. Eu só tinha 15 anos.

Quando eu estava trabalhando há uns meses na cervejaria, abriram uma empresa de aviação em Porto Alegre que estava procurando funcionários. Eu fui toda bonitinha me candidatar. Era a Aerovias Brasil. Eles me contrataram para ser recepcionista. Um dia eu trabalhava no escritório, no outro dia, no aeroporto. Nossa, eu tinha até uniforme, gostava tanto, me sentia o máximo! Quando ia para o aeroporto, punha meu casquetinho e trabalhava no despacho e recepção dos passageiros.

Ali encontrei o meu primeiro grande amor, pois me apaixonei loucamente por um aviador.

Elisabeth aos 15 anos

Capítulo IV

O Primeiro Amor e a Passarela

A paixão pelo aviador foi correspondida. A gente namorou certo tempo e ficamos noivos. O pai dele era prefeito de Lajeado, cidade do interior do Rio Grande do Sul. Naquela época, se comemorava noivado com festa, aliança e muita pompa. Lá fomos nós para a festa do noivado em Lajeado. Tudo muito lindo.

Esse relacionamento me marcou muito. Lógico que eu me apaixonei por ele, mas gostei também que a família dele era muito grande. Como filha única, sem parentes por perto, eu adorava aquela família enorme. Nesse ínterim, parei de trabalhar para arrumar o enxoval, que dava um trabalho enorme. Tudo era bordado, eu bordava muito, minha mãe bordava muito e de bordado em bordado, de briga em briga, o noivado acabou! Quando me vi sem noivo e sem família, o que foi frustrante, empacotei o enxoval com naftalina e fui trabalhar no Citibank.

Fui fazer um teste para o escritório e não fui aprovada. Sou péssima em testes. Contrataramme como telefonista. Eu começava a trabalhar ao meio-dia e atendia ao telefone assim: *Citibank, boa-tarde! Um minutinho, por favor. Citibank, boa-tarde*. Depois de uns dois meses nesse *Citibank, boa-tarde*, perceberam que eu poderia fazer outras coisas. Passei a ajudar no arquivo, depois em outras seções, até que cheguei à seção de auditoria.

Estava me saindo muito bem nessa seção. Contudo, aconteceu um desastre: o meu chefe se apaixonou por mim, mas eu não me apaixonei por ele.

Resultado: um belo dia, fui despedida. Falaram que estavam reduzindo o pessoal, mas era mentira. Eles estavam reduzindo a mim. Fiquei muito triste com aquilo. Eu gostava tanto de trabalhar naquele banco, já estava falando um pouco de inglês, matriculada no Cultural Americano. Fiquei vexada mesmo, porque, para mim, ser despedida era algo para nunca mais arrumar outro emprego. Graças a Deus, não é assim.

Nesse banco, eu conheci um rapaz que, na verdade, tinha outra ambição: ser estilista. Ele desenhava muito bem. Ainda no banco, fui convidada para desfilar uma coleção de chapéus que ele desenhou. Comigo, nesse desfile, estavam Lílian Lemmertz e Lucia Cúria, que mais tarde foi modelo internacional até da Chanel e depois se casou com o banqueiro Walter Moreira Salles.

Esse rapaz, o Flávio, depois Rui Spohr, é um dos grandes estilistas de Porto Alegre, um dos primeiros brasileiros a estudar moda em Paris, ainda na década de 50. Ele montou um ateliê e eu continuei a desfilar para ele duas vezes por ano, na coleção de inverno-verão. Começou aí minha carreira de manequim.

Capítulo V

O Teatro Aparece

Por causa dos desfiles do Rui, começaram a circular minhas fotos nas publicações de Porto Alegre. Saiam nos jornais, na *Revista do Globo*, a melhor revista da cidade na época. Fui capa dessa revista. Com isso, entrei na área da moda. Mas, busquei outro emprego. Fui trabalhar no escritório de uma empresa importadora de aço. Entendia tudo de aço: oitavado, quadrado, triangular... Sabia tudo, eu sempre fui muito competente. Era despedida, mas enquanto estava lá, era *a competente*. Depois desse emprego, consegui outro melhor, onde o salário era maior, numa empresa importadora de inseticida. Não preciso nem dizer que passei a entender tudo de inseticida.

Fui contratada como secretária e aí fiquei por sete anos. Tinha estudado datilografia, estenografia e continuava no Cultural Americano estudando inglês. Trabalhava de dia e, à noite, ia para a escola de inglês. Pois um dia, como explicar isso, se é destino ou outra coisa, saí do escritório e fui tomar um café antes da aula. Lá, encontrei um colega do ginásio que eu não via há muito tempo, o Cláudio Heemann, já falecido e que mais tarde foi secretário de cultura de Porto Alegre. Fiquei sabendo que o Cultural Americano havia emprestado uma sala para ele e seu grupo ensaiarem uma peça teatral. Ele me disse que estava faltando uma atriz e se eu não queria fazer um teste.

Como eu já sabia que era péssima em testes e aquilo não me interessava, falei que não, mas ele insistiu.

Lá fui eu fazer o teste. Eles eram estudantes que faziam teatro amador e haviam contratado um diretor do Rio de Janeiro, o Carlos Alberto Murtinho, irmão da Rosamaria Murtinho. A peça era *Seis Personagens à Procura de um Autor*, de Luigi Pirandello, e o meu papel era o da enteada. Eu não conhecia o diretor, não conhecia o Pirandello, não conhecia nada. Nesse teste fiz minha leitura e passei! O Carlos Alberto elogiou minha leitura, disse que o papel era meu e que eu deveria ensaiar todas as noites.

Quando eu não queria fazer alguma coisa, dava a desculpa: *Minha mãe não vai deixar*. Disse então que ensaiar toda noite a minha mãe não ia deixar mesmo. Só que o Cláudio se dispôs a falar com minha mãe. Depois da aula, lá estava ele me esperando. Quando chegamos em casa, eu o apresentei à minha mãe e ela já disse entusiasmada: *Heemann! Conheço sua avó, sua mãe, sua tia...* Ela conhecia a família toda. Como minha mãe conhecia a família inteira do Cláudio, ela deu a autorização na mesma hora. Ela só perguntou ao Cláudio se ele me trazia depois do ensaio e, diante da afirmativa dele, aprovou. Fiquei com um carão e não tinha mais como escapar!

Minha rotina passou a ser do escritório para o ensaio. Aí, começou essa paixão que dura até hoje. Descobri outro universo que eu desconhecia. Minha mãe falava muito em teatro, porque o europeu tem o costume de ir ao teatro, concertos, etc. Ela também contava uma história que a mãe dela dizia que se não tivesse casado tão cedo queria ter sido enfermeira ou atriz. Engraçado, me tornei atriz e tenho ótima mão para fazer curativos.

Nos ensaios, descobri também esse lado agradável da convivência com os outros atores. Eu e minha mãe íamos muito ao cinema, ao teatro, a concertos, mas eu não sentia essa vontade de estar no palco. Com os ensaios, comecei a me sentir cada vez mais envolvida com esse mundo. Nós estreamos no Teatro São Pedro em 1955. E eu fui um sucesso. Lógico que eu sei hoje que foi um sucesso relativo. Era minha primeira experiência no teatro. Contudo, acredito que ninguém esperava que eu me saísse tão bem, ficaram surpreendidos. Tenho uma facilidade grande na dicção porque, como meu pai era surdo, desde criança me acostumei a falar alto e a articular muito bem. Não falo gritando, mas quando vou para o palco, posso ser muito clara, porque tive essa experiência na minha vida. Minha mãe até dizia que era um vexame quando andávamos de bonde, porque eu falava tão alto com meu pai que o bonde inteiro participava daquela conversa.

Nossa estréia foi sensacional! Lembro que uma das pessoas que veio me abraçar na coxia foi o

Antônio Abujamra, que naquela época vivia em Porto Alegre. Não esqueço o que ele me disse: *Agora, você é uma atriz.* Era meu primeiro trabalho. Fiquei encantada! Desse grupo faziam parte o Luís Carlos Maciel, atualmente diretor e teórico da dramaturgia, Luiz Carlos Lisboa, amigo querido até hoje, e vários outros.

Minha vida passou a ser dividida entre o trabalho de secretária, o teatro amador, as fotografias e os desfiles que continuavam, porque além do Rui, outros costureiros que vinham a Porto Alegre requisitavam manequins de lá. Uma agência de publicidade fez um contrato comigo de modelo fotográfico exclusivo. Por isso eu fotografava muito. Era foto com panela, com geladeira, com coelho... Enfim, o que a agência precisava divulgar.

Em cena com o Grupo de Teatro Amador, Porto Alegre 1955

Elisabeth (ao fundo) com sua turma de teatro amador. O diretor Carlos Alberto Murtinho está à frente segurando uma apostila, Porto Alegre, 1955

Elisabeth com sua turma de teatro amador, em cena de Seis Personagens....

Capítulo VI

A Sarah dos Pampas

Após *Seis Personagens à Procura de um Autor*, encenamos *O Diabo Cospe Vermelho*, também com direção do Carlos Alberto Murtinho. É uma peça regional, escrita pela Maria Inez de Barros Almeida, radicada no Rio de Janeiro, mas gaúcha de Porto Alegre. Nós estreamos no Instituto de Belas Artes, ficamos um bom tempo em cartaz e apresentamos a peça também no Rio de Janeiro. Fizemos quatro apresentações no Teatro Ginástico, no centro do Rio. Foi muito emocionante. No primeiro dia estavam sentados na platéia Fernanda Montenegro e Fernando Torres. Eles vieram até a coxia nos cumprimentar. Era por volta de 1956. A Fernanda já era uma atriz de carreira brilhante. Também estavam presentes o Augusto Boal e o Accioly Neto, que na época era o diretor de redação da revista *O Cruzeiro*.

Eu tinha 23 anos, o Accioly me achou interessante e fez uma reportagem enorme sobre mim na revista, o que refletiu favoravelmente mais tarde na minha carreira. Depois da temporada, voltei direitinho para casa em Porto Alegre, segui trabalhando de secretária e com meu grupo de teatro amador. Na cidade, havia muitos grupos de teatro amador e a maioria com qualidade. Todos fazendo bons espetáculos e também todos se odiando cordialmente. O Antônio Abujamra tinha um grupo e foi o descobridor da Lílian Lemmertz como atriz. Ela já era uma atriz muito interessante, muito talentosa e muito bonita. Nós nos conhecíamos, continuávamos a desfilar juntas, mas não nos aproximávamos muito por causa daquela rivalidade e competitividade entre os grupos. Mais tarde, aqui em São Paulo, nos cruzamos várias vezes. Eu sempre tive grande admiração por ela. Do grupo do Abujamra também fazia parte o Linneu Dias, que foi marido da Lílian e pai da Júlia Lemmertz.

Ainda com o Murtinho, fizemos *O Caso do Vestido*, baseado no poema do Carlos Drummond de Andrade. Nossa peça seguinte foi *Antoinette ou A Volta do Marquês*. Eu só tinha feito drama no grupo e, nessa peça, uma comédia, a mãe ficava na platéia assistindo à filha no palco, era uma peça dentro de uma peça. Eu não estava escalada, mas a menina que ia fazer o papel da mãe, quatro dias antes da estréia, desistiu. Aí, o Murtinho me escalou. Como era um papel cômico, recusei falando que eu era uma atriz dramática, não podia fazer comédia. O Carlos Alberto disse que uma atriz fazia de tudo, podia se especializar numa área, mas tem que fazer outras coisas. Eu não queria. Foi quando ele me deu um ultimato: ou fazia o papel ou não trabalhava mais com ele. Fui direto para casa. Eu me agüentava até chegar em casa, mas assim que minha mãe abria a porta, eu abria a boca e chorava.

Chorei muito. Quando estava mais calma, minha mãe me perguntou o que havia acontecido. Assim que eu terminei de contar, ela disse: *Mas, é claro*

Elisabeth no papel da Enteada, em Seis Personagens....

que você vai fazer ou você não quer mais fazer teatro? Depois a gente vê se ficou bom ou não. Pois eu fiz. E descobri que levava jeito também para o humor. As coisas voltadas para o teatro aconteceram acidentalmente comigo.

Eu continuava no escritório. Entretanto, começaram os problemas no trabalho. Para dizer a verdade, eu já estava *me sentindo*, fruto da minha juventude, da minha presunção, da minha ignorância. Achava-me diferente das outras pessoas. Ficava incomodada de ficar mais tempo no trabalho quando me pediam hora extra. Fiz em seguida a peça *Delito na Ilha das Cabras*, do Ugo Betti, dirigida pelo Mário de Almeida, um diretor de São Paulo. E minha mãe, sempre bem informada, lia *A Folha da Tarde* todos os dias, me disse um dia: *Vão abrir a escola de arte dramática na Faculdade de Filosofia. Acho bom você se inscrever.* Achei que não precisava, porque eu estava tão bem naquele teatro amador. No íntimo, eu já me achava a reencarnação da Sarah Bernhardt, a grande atriz francesa. Até tinha um amigo que me chamava de Sarah.

Então a *Sarah dos Pampas* disse: *Não, a escola eu não vou fazer, vou fazer outras coisas.* Minha mãe respondeu: *Já que não quer fazer a escola, porque eu acho que você tem pouca instrução, você também não vai mais fazer teatro amador.* Mais uma vez minha mãe me colocou na parede. Diante dessa pressão, lá fui eu me inscrever para a Escola de Arte Dramática. Como era faculdade, tive que fazer vestibular.

Capítulo VII

Uma Atriz Formada

O primeiro diretor do curso de Arte Dramática foi o Ruggero Jaccobi, italiano que esteve ligado ao TBC – Teatro Brasileiro de Comédia. Acho que cansado do trabalho em São Paulo e com a oportunidade dessa nova escola em Porto Alegre, ele assumiu a direção.

O curso durou três anos. Ele foi muito importante para mim. Era um curso completo. As aulas práticas eram sobre interpretação, voz, esgrima e dança. Quase me tornei uma bailarina, porque eu fazia as aulas com tanta dedicação que a professora já estava de olho em mim. Mas, depois de uma terrível distensão muscular, minha performance baixou de nível. Também tínhamos aulas teóricas das várias escolas de teatro. Teatro português era dado pelo professor Guilhermino César, um grande historiador e escritor de vários livros. As aulas de teatro italiano eram ministradas pelo professor Ricci, teatro alemão, pelo professor Gert Bornheim, que foi tradutor de várias peças alemãs. Eram todos professores catedráticos.

Do segundo para o terceiro ano, o Ruggero voltou para a Itália e quem assumiu a direção da escola foi o Fausto Fuzer, que hoje é professor na ECA – Escola de Comunicação e Artes da Universidade de São Paulo, além de crítico de teatro. Foi uma escola muito boa, onde aprendi muito. Começamos com mais de 50 alunos e nos formamos com nove. Da minha turma, quem também continuou foi o Wolney de Assis. Fizemos *Egmond*, de Goethe; *Electra*, de Sófocles; *O Telescópio*, de Jorge de Andrade; e outras mais.

Nesse ínterim, no último ano da escola, foi inaugurada a televisão em Porto Alegre, a TV Piratini. Eu tinha uma amiga jornalista, Célia Ribeiro, que apresentava um programa e foi convidada para um segundo que misturava moda e entrevistas. Ela não aceitou e me sugeriu. Então, eu fui contratada pela TV Piratini para apresentar duas vezes por semana, à tarde, o *Desfile e Música*, que misturava entrevistas, músicas e desfiles. Trabalhando no escritório, estudava à noite, fazia o programa no fim da tarde e ainda fotografava e desfilava. Eu fazia tanta coisa! Fiquei insuportável na empresa. *Sarah* aflorou de forma brutal. Já não queria fazer hora extra, ir aos sábados e meu gerente, que era um amor de pessoa, até me viu no teatro, retornou para a Dinamarca. O novo gerente não gostava de mim, um dia tentou me agarrar e eu dei um empurrão nele. Hoje seria assédio sexual. Reconheço que, além disso, eu estava insuportável e fui despedida. Como trabalhei sete anos nessa firma, recebi uma indenização muito boa.

Terminei a escola uns dois meses depois e coincidiu com o término do contrato na TV. Nesse *renova-não-renova* o contrato, mais uma vez minha mãe foi fundamental. Quando ela me perguntou o que eu queria fazer, uma vez que tinha terminado a escola, eu disse que queria ser uma atriz profissional. No período do curso, tínhamos contato com todas as companhias que iam a Porto Alegre em temporada. Podíamos ver as apresentações e eles passavam na escola para dar palestras. Vieram Cacilda Becker, Walmor Chagas, Tônia Carrero, Ziembiensky, Maria Della Costa, Paulo Autran e outros mais. Também eu havia feito pontinhas em algumas apresentações. Fiz uma vizinha em *O Pecado Mora ao Lado*, com a Tônia Carrero e tinha desfilado numa peça chamada *Manequim*, que a Maria Della Costa estrelava.

Eu ficava encantada com o talento daquelas atrizes e como eram lindas. A Tônia era um fenômeno de bela. A Maria também. E a Cacilda era aquela pessoa de um metro e meio, mas que no palco tomava uma dimensão enorme. Eu tinha admiração e respeito por elas. Então, decidi que queria vir para São Paulo e me profissionalizar. Não renovei o contrato com a TV e decidi mudar para São Paulo.

Capítulo VIII

Rumo a São Paulo

Era janeiro e eu ainda flanando. Minha mãe disse: *Você resolveu ir para São Paulo, que dia você vai?* Respondi que não sabia, que estava pensando. Na verdade, estava com medo. Nunca tinha desgrudado da saia da minha mãe. Já tinha vindo a São Paulo, ido ao Rio, mas por curto tempo. Agora, era para morar sozinha. Na segunda vez, minha mãe perguntou se eu ainda estava pensando e diante da minha afirmativa, ela disse firme: *Se você não marcar uma data agora, você vai abrir o jornal no domingo e procurar um emprego. É isso que você quer?* Respondi que não e marquei sem pensar que iria dia 2 de fevereiro, dia de Nossa Senhora dos Navegantes.

Com a cara e a coragem, dia 2 de fevereiro de 1961, eu vim para São Paulo. Também com aquele dinheiro da indenização. Deixei um tanto com a minha mãe e vim com o resto. Ah, e comprei uma passagem de ida e volta, se não desse certo... Minha mãe fez um grande discurso antes de eu sair dizendo para eu me cuidar e que eu não aparecesse com uma criança no colo. Mas acrescentou: *Haja o que houver, essa casa estará sempre de portas abertas para você, porque você é minha filha.* E eu sempre levei isso em consideração, porque eu pensava que não podia trair minha mãe, nossa ligação era muito forte.

Antes de falar sobre São Paulo, quero mencionar outro fato. Meus padrinhos de batismo já moravam no Rio de Janeiro quando meu pai faleceu. Minha madrinha, infelizmente, morreu num trágico acidente de trem. O padrinho vinha periodicamente a Porto Alegre por causa de negócios. Então, almoçávamos juntos.

Eu me sentia muito importante, porque íamos a um restaurante muito chique e meu padrinho me tratava como uma pequena dama. Eu tinha 15 anos. Num desses almoços, ele disse: *Você teve notícias dos seus irmãos? Que irmãos?!!* Foi o que pensei. Eu só não caí da cadeira, porque já tinha alguma coisa de atriz. Apenas respondi bem firme: *Não, não tive notícias*. Com essa resposta, ele deu o assunto por encerrado. Quando cheguei em casa, encostei minha mãe na parede.

O fato é que meu pai era divorciado e tinha dois filhos do primeiro casamento que moravam na Alemanha. Algo que os dois tinham me omitido. Eu fiquei triste porque poderia ter estabelecido algum contato com eles, pois eu sempre me ressenti em ser filha única. Mas depois da morte do meu pai, não tivemos mais notícias da família dele e os irmãos perderam-se para sempre. Sobrou um sentimento no meu coração: não sou filha única, tive dois irmãos em algum momento, em algum lugar. Meu pai teve quatro irmãos e minha mãe tinha um irmão. Imagino que tenho primos, sobrinhos, sobrinhos-netos que nunca conheci.

A minha família é um mistério para mim. Só estive na Alemanha uma vez e rapidamente. Por estar numa cidade próxima, dei um pulo até Darmstadt. Abri a lista telefônica: duas páginas de Hartmann. Qual deles seria meu parente? Assim, tudo ficou mais restrito ao capítulo mistério.

Tio e avó maternos, na Alemanha

Capítulo IX

A Segunda Parte da Minha Vida

Eu digo que tive uma vida em Porto Alegre e outra vida em São Paulo. Lógico que sempre sou a gaúcha de origem alemã que aqui vive, mas São Paulo deu outro ritmo e outro rumo à minha vida.

Vim para a capital paulista com minha mala, minha coragem e minhas mil saias de armação, porque se usava saia com cintura bem apertada, engomada. Lembro que antes de viajar, minha mãe engomou tudo. Fui morar num hotelzinho familiar na Praça da República quando eu vim para ficar. Fiquei dez dias nesse local e depois me mudei para uma pensão no Jardim Europa, ao lado do Colégio Sacré-Couer, de uma senhora de Porto Alegre. Eu morei muito tempo na pensão da dona Toni.

Minha carreira aqui na capital paulista começou ainda no Hotel da Praça da República. Eu tinha o endereço da revista *Manequim*, na Rua João Adolfo. Pensei em me garantir financeiramente com o trabalho de modelo e depois procurar a turma do teatro. No escritório da revista, fui atendida por uma senhora italiana chamada Nella. Eles olhavam a gente de cima a baixo analisando tudo. Ela foi simpática e disse que eu serviria para modelo fotográfico, mas poderia também trabalhar como manequim. Deu-me o endereço de um costureiro que trabalhava com eles e com as Indústrias Matarazzo. Os Matarazzo tinham uma fábrica de tecidos e faziam desfiles para mostrar os novos lançamentos. Fui até a casa de modas na Rua Maranhão para que o estilista Clodovil Hernandez me analisasse.

Clodovil ainda não tinha seu ateliê próprio. Ele também me olhou de cima a baixo e falou que não dava para ver se eu era gorda ou magra com aquelas saias de armação. Eu devia estar com umas duas saias engomadas. Tirei as saias e desfilei para ele. Eu achando que desfilava bem, andei para lá e para cá. Ele disse: *Você parece um liquidificador andando*. Naquela época não se fazia como hoje, a manequim deveria vir toda dura com as mãos na cintura, chegar ao fim da passarela, dar uma pirueta e voltar dura com as mãos na cintura. Saí de lá arrasada.

Mas, para minha surpresa, três dias depois, no corredor do hotel, berravam meu nome para atender ao telefone coletivo. Era a dona Nella dizendo que eu havia passado no teste do Clodovil. Assinei contrato com as Indústrias Matarazzo. Meu primeiro trabalho em São Paulo! Lá no Palácio das Indústrias era a sede das Indústrias Matarazzo e no último andar tinha um salão de festas. Desfilei também no salão da Hebraica, depois fui para Brasília, Rio de Janeiro e interior de São Paulo. Ganhei um bom dinheiro com esses desfiles.

Num deles fui tachada de ladra, porque, às vezes, as pessoas são muito duras com quem está começando. No desfile da Hebraica, a gente colocava vestido, sapato, chapéu e jóias da H. Stern, tudo na maior correria. Quando você retornava da passarela, passava primeiro pelo funcionário da H. Stern que retirava as jóias, vestia um novo modelo e passava por ele de novo para colocar outras jóias. Para cada desfile, eram umas cinco manequins, por isso tudo era na correria para não deixar buraco na passarela. Terminado o desfile, o funcionário deu falta de um broche de ouro que eu havia usado num dos vestidos. A diretora de modas da Matarazzo não hesitou em me apontar como ladra, veio para cima de mim com tudo perguntando onde estava o broche, onde eu o havia escondido, que ela nunca confiou em mim, que eu só estava lá porque o Clodovil tinha me escolhido. Ela acabou comigo. Nisso, chegou a camareira com o broche. O funcionário tinha se esquecido de tirá-lo do vestido quando eu sai da passarela. Essa diretora nem me pediu desculpas. Chorei muito com essa injustiça.

No início da carreira de modelo houve outra injustiça. Tinha um programa ao vivo da Bibi Ferreira na TV Excelsior, aos domingos. Aconteciam alguns desfiles no programa. Num desses, uma modelo que não podia ir, pediu-me para substituí-la. Era um desfile de peles da Pelaria Polar. Fiquei mais encantada em estar perto da Bibi do que com o que eu desfilava. Na semana seguinte fui até a Pelaria buscar meu cachê e a dona da loja disse que não me devia cachê porque ela convidou a outra, não a mim. Falei com a modelo que eu substituí que foi buscar então o cachê.

Aí a dona da loja disse que não devia nada para ela porque ela não compareceu ao programa. Coisas desonestas que, às vezes, se fazem com quem está começando. A loja acabou falindo e eu conheci Bibi depois de modo mais próximo. Uma grande dama.

Ainda no início em São Paulo, encontrei com um amigo de Porto Alegre chamado Madruga Duarte, que sabendo da minha mudança para cá e do trabalho com a Matarazzo, perguntou se eu não queria também fazer teste com fotógrafos profissionais. Com minha afirmativa, ele me deu o endereço de um fotógrafo na Rua Augusta: Apollo Silveira. Fui fazer o teste e acabei casando-me com ele.

Capítulo X

Muitos Trabalhos como Manequim

No meu primeiro ano de São Paulo, também desfilei para o Denner. Na época, ele era mais famoso que o Clodovil. Nós, manequins, arrumávamos o cabelo num salão da Praça José Gaspar e um dia encontrei com a Lucia Cúria, que já citei como minha companheira de desfiles em Porto Alegre. Ela ficou feliz por eu estar em São Paulo e me levou até o Denner. Ele gostou de mim, mas exigiu que eu fosse todo dia ao seu ateliê para provar os vestidos e para aprender a desfilar. Diga-se de passagem, ninguém desfilava tão bem como o Denner. Mas, ele pagava só os desfiles, o estágio não era remunerado. Ele gostava que ficássemos todas lá no ateliê.

O Denner era uma pessoa bem temperamental. Num momento ele estava bem, no outro, não estava. Ele mudava de humor rapidamente. Eu o vi maltratando clientes, xingando mesmo, dizendo para a cliente que ela não era elegante, como ela estava com um modelo dele daquele jeito. Mas, comigo, de um modo geral, ele me tratou muito bem. Desfilei na casa dele, na Fenit (Feira Nacional da Indústria de Tecidos). O Denner tinha um ateliê na Avenida Paulista e depois abriu uma butique ao lado. Ele me convidou para gerenciá-la, pois me achava simpática e educada com as pessoas, mas eu não quis. Minha proposta não era o mundo da moda, mas do teatro.

Desfilei muito no início em São Paulo. E não só alta-costura, porque aí eram só dois desfiles por ano: inverno-verão. Fiz muitos desfiles na José Paulino, porque havia muitas lojas de confecções nessa rua do bairro Bom Retiro. Funcionava assim: cada loja tinha uma sala com uma pequena passarela; de manhã e à tarde, nós desfilávamos as roupas para os compradores. Paralelamente a isso, fiz muitas fotos para publicidade, também fiz os chamados *jingles*, que eram os comerciais da época. Fiz uma série de *jingles* da Avon.

Continuava a desfilar para o Clodovil. Meu relacionamento com ele sempre foi cordial, simpático, educado. Nossa separação aconteceu após um incidente em Londrina, no Paraná, quando eu estava recém-casada. Era um desfile beneficente e eu pedi para levar o Apollo por estar recém-casada e o Clodovil permitiu. Fomos de Kombi numa viagem bem cansativa, demorada, com bastante poeira, pois muitas estradas não eram asfaltadas. O Clodovil foi mais tarde de avião.

Ao chegarmos, a diretora de modas do Clodovil disse que o Apollo não podia ficar na mesma casa que nós, que ela não tinha autorização para ele permanecer ali. O Apollo ficou aborrecido e disse que onde ele não podia ficar, a mulher dele também não ficava e que nós dois iríamos embora. Eu queria esperar o Clodovil, o Apollo queria ir embora. O dono da casa em que as modelos ficariam hospedadas tinha um avião teco-teco e nos deu uma carona até Bauru, em

São Paulo. De lá pegamos um ônibus para São Paulo capital. Não preciso nem dizer que vim o tempo todo chorando e meu marido aborrecido por causa do meu pranto.

Quando Clodovil chegou em Londrina e perguntou por mim, a diretora de modas contou a sua versão. Eu telefonei me desculpando assim que ele voltou para São Paulo. Ele foi muito compreensivo, disse que entendia, que essas coisas aconteciam mesmo, que eu me despreocupasse. Acabei não trabalhando mais com ele, até porque minha vida tomou outro rumo. Mas, sempre quando o encontro, ele é simpático. Fui entrevistada por ele na televisão e muito bem tratada. Essa coisa que alguns dizem que ele tem um temperamento difícil, exacerbado, eu não posso dizer, pois comigo foi sempre educado, uma convivência muito agradável. Fizemos outras viagens muito gostosas antes dessa viagem desastrosa a Londrina.

No meio disso tudo, aconteceu meu primeiro trabalho como atriz. O Denner tinha uma manequim fixa chamada Giedre Valeika. Descendente de lituanos, a Giedre era linda e estava casada com o Fernando de Barros, cineasta e orientador de modas da revista *Cláudia*. Ficamos amigas e um dia ela me convidou para jantar na sua casa, pois estava sozinha, o Fernando tinha viajado. No meio do jantar, telefonou o Abílio Pereira de Almeida que disse estar montando uma peça chamada *O Bezerro de Ouro* e que precisava de

uma atriz de verdade que fosse bem bonita e elegante. A Giedre falou de mim e ele se lembrou de uma ida a Porto Alegre onde ele me conheceu numa estréia da Companhia Maria Della Costa, ainda como estudante da escola de teatro.

Fui no dia seguinte falar com ele, peguei o texto e o Abílio já me queria no papel. O interessante era que o texto fazia uma crítica às Indústrias Matarazzo. Lá estava eu envolvida com os Matarazzo nos desfiles e no teatro. Gostei do texto e me interessei pelo papel. A direção seria do Antunes Filho. No período em que levantavam a produção, eu me casei. Imagina, cheguei em São Paulo em fevereiro, em setembro já estava casada e cheia de trabalho no mundo da moda.

Capítulo XI

A Ilha

Numa das idas até o escritório do Abílio para ver como estavam as coisas, ele disse a um homem que estava no seu escritório quando eu entrei: *Está aí a atriz para o seu filme*. Era o Walter Hugo Khouri, que também estava procurando uma atriz para o seu filme *A Ilha*. O Khouri, me olhou e disse que eu era um tipo interessante. Ele gostava de tipos nórdicos. Perguntou minha experiência e me pediu umas fotos. Quando me encontrei com ele para entregar as fotos, já me contratou para o filme.

Logo depois, houve uma leitura da peça do Abílio na casa do Felipe Carone. O Antunes Filho me chamou num canto e disse que eu não poderia fazer o papel principal, porque eu não era conhecida ainda em São Paulo e que ele precisava de alguém com nome. Que eu ficaria com um papel menor, mas também muito importante. E foi me mostrar o papel. Folheou as páginas da peça e não conseguiu encontrar um diálogo da personagem. Ele ficou todo desconcertado, mas eu disse que ele não se preocupasse, que eu ia fazer o filme do Walter Hugo Khouri. Sinto pena até hoje de não ter trabalhado com o Antunes, pois é um grande diretor. Fui fazer o filme e a peça não saiu, porque, num dos ensaios, na saída, alguns caras estavam esperando os atores e esses apanharam. Ninguém ficou sabendo por quê...

Elisabeth em cena de A Ilha

Filmamos *A Ilha* em Bertioga, no litoral do Estado de São Paulo. Fiquei dois meses lá, pois filmar demorava bastante naquela época. Era um ótimo elenco: Eva Wilma, que era a protagonista, apesar de todos os personagens serem interessantes e importantes; Laura Verney, uma atriz italiana que depois voltou para a Itália; Lyris Castellani, que deixou de ser atriz; os homens já morreram todos: Mário Benvenutti, um amor de pessoa; Luigi Picchi, Rui Affonso, José Mauro de Vasconcelos, Francisco Negrão, Maurício Nabuco e o próprio Khouri, que também já faleceu.

Depois dos dois meses filmando em Bertioga, filmamos a parte de estúdio na antiga Companhia Vera Cruz, ainda por um mês, e também dublamos o filme, pois o som não era direto. Essa minha primeira experiência com o cinema foi boa e importante. O elenco se dava bem. O Walter Hugo Khouri era uma pessoa estranha. Ele era um diretor extremamente competente, de muito bom gosto, que cuidava muito bem das mulheres, mas tinha o defeito de não criar um clima de harmonia nas filmagens, chegava até a instigar um ator contra o outro. A sorte foi que a gente superou tudo isso e convivemos bem. Em *A Ilha*, o assistente de direção do Khouri era um jovenzinho de 18 anos, Alfredo Sternheim, que mais tarde também se tornou diretor, com quem eu trabalhei várias vezes e para sempre somos amigos.

Um fato curioso aconteceu nas filmagens. Houve uma cena filmada na Praia do Perequê num lugar

Elisabeth em cena de A Ilha, com Eva Wilma e Lyris Castellani

bem íngreme entre pedras. A nossa câmera era uma Mitchel. O elenco podia se esborrachar nas pedras, mas a câmera não podia ter nenhum arranhão. Descem as atrizes, descem os atores e desce a câmera, a grande vedete. O responsável pela câmera era o senhor Alfonso, um espanhol ainda dos Estúdios Vera Cruz. O cameraman e iluminador era o George Pfister, por sinal, excelente iluminador. Ensaiamos a cena, todo material a postos e... *Silêncio, Ação*. Fizemos tudo direitinho, o diretor deu *ok* e lá fomos subir aquilo tudo de novo. Era ator rolando nas pedras, mas a câmera superprotegida, transportada como uma noiva no dia das núpcias. Quando chegamos lá em cima, a equipe percebeu que se esqueceu de colocar o filme na câmera. Resultado, no dia seguinte toda essa operação para filmarmos a cena novamente.

Eu dividia o quarto com a Vivinha, que, na época, era casada com o John Herbert e tinha dois filhos pequenos, a Lyris também era casada e eu, na minha lua-de-mel. Tenho a impressão até hoje que minha lua-de-mel incomodou muito o diretor, porque o Apollo ia sempre a Bertioga. Nós estávamos hospedados na colônia do Sesi, mas quando meu marido vinha, a gente se hospedava num hotel para não invadir o espaço das filmagens. E o Khouri se incomodava com isso. O Apollo, que também não era uma pessoa contemporizadora, criou um clima de mal-estar com o Khouri.

Por pouco, o Khouri não me tirou do filme. Só não me tirou por causa do Luigi Picchi que virou e disse: *Khouri, você ontem disse que a Elisabeth seria a nossa Greta Garbo e hoje quer dispensá-la do filme?* Lógico que esse Greta Garbo era exagero. A partir disso, o Khouri refletiu e não dispensou. Contudo, esse clima de mal-estar permaneceu para sempre. Nas ocasiões em que encontrei o Khouri ao longo da vida, ora ele fingia que não me via, ora vinha todo carinhoso me beijar e, numa das vezes, disse que nunca mais me convidou para trabalhar com ele porque meu marido era muito chato.

O filme foi lançado em 1962. O Khouri sempre teve um ritmo particular nos seus filmes, gostava de algo mais lento, troca de olhares. Era essa a interpretação que ele gostava. Ele também era o roteirista do filme. Por causa desse ritmo mais lento e da interpretação com intenções subjacentes, o filme foi criticado e, conseqüentemente, não teve muito público. Posteriormente, quando o filme foi relançado, e até hoje quando passa no Canal Brasil, na TV Cultura, é considerado belo e tem uma aura de *cult*, faz sucesso. Eu considero o filme muito bonito e com um clima todo especial. Volto a dizer que, para mim, apesar do incidente relacionado com o meu marido e o Khouri, esse primeiro trabalho no cinema, meu primeiro trabalho profissional em São Paulo, teve um resultado muito satisfatório. Fui indicada ao prêmio Saci como atriz coadjuvante e me senti à vontade com esse veículo, o cinema, onde, mais tarde, trabalhei muito.

Capítulo XII

No Palco com Cacilda Becker

Terminadas as filmagens, não tive outra proposta de trabalho. Então voltei para o meu ofício de manequim. Além dos desfiles citados, desfilei para a Votorantim em Sorocaba. Fiz muita fotografia de publicidade nessa época. O jornal *O Estado de S. Paulo* tinha um suplemento feminino com duas páginas de moda. Eu, quase toda semana, fotografava para alguma casa de moda, principalmente casas mais sofisticadas. E como meu marido também era um fotógrafo de publicidade, fiz algumas fotos quando ele me colocava.

Na minha vida, houve tanta coisa meio por acaso que eu, às vezes, penso nessa coisa de destino ou se foi coincidência mesmo. Se a gente é predestinada, escolhida para aquela missão. Eu fui assistir um espetáculo no teatro que ficava num prédio cedido pela família Ermírio de Moraes. No intervalo, estava tomando café, quando chegou a Cacilda, que não estava naquela peça. Ela se aproximou e disse que a sua companhia estava indo à cidade de Porto Alegre para uma temporada, que uma das atrizes não poderia ir e me fez o convite para substituí-la. Imagina se eu não queria! Era uma peça chamada *Oscar* com direção dela. Além de dirigir, ela ainda atuava. Estavam também no elenco o Walmor Chagas, que era o marido da Cacilda na época, o Fredi Kleeman, a Assunta Perez, entre outros.

TEATRO GUARANI

22 de Julho de 1963

OSCAR

comédia em 3 atos
de CLAUDE MAGNIER

Tradução de GERT MEYER
Cenário de JEAN GILON
Direção de CACILDA BECKER

PERSONAGENS (Por ordem de entrada em cena)

Bernardette . . .	*KLEBER MACEDO*
Cristiano	*WALMOR CHAGAS*
Barthés . . . :	*FREDI KLEEMANN*
Colette	*DORA MIARI*
Germana : . . .	*CACILDA BECKER*
Jacqueline . . .	*ELIZABETH HARTMANN*
Oscar	*VIVALDO FERREIRA*
Felipe	*ROBERTO MIRANDA*
Charlotte	*ASSUNTA PEREZ*

A Sociedade de Teatro de Pelotas

STEP

agradece a decisiva colaboração do Sr. EDMAR

FETTER para êste espetáculo

Meu papel era pequeno, mas bem bonitinho. Quando a Cacilda foi me ensaiar, fiquei toda tímida, porque tinha tanto respeito e admiração por ela, que quando fui abrir a boca para dizer o texto, saiu um fiapo de voz. Ela me disse: *Elisabeth, o último espectador vai querer ouvir você também. Desse jeito está complicado.* Respondi que ia fazer, para ela não se preocupar. Comecei a me soltar, mas no terceiro ensaio, ela me disse: *Agora não vou dizer mais nada, porque não quero uma segunda Cacilda no palco.* Eu a estava imitando, porque ela dizia alguma coisa e eu fazia igual. A partir dali, nasceu uma amizade muito bonita que durou até a sua morte.

Estreamos em Porto Alegre, no Teatro São Pedro, no mesmo dia e mês quando eu tinha estreado como amadora. Mais uma coincidência! Ficamos um mês em Porto Alegre. Fomos ainda até Pelotas. Minha mãe ainda morava lá, portanto, eu fiquei hospedada com ela. Como Cacilda e Walmor eram também os produtores, eram nossos patrões. Eles nos tratavam com muita deferência. Que clima agradável! Walmor também é de Porto Alegre, e quando ele e a Cacilda saíam para passear, convidavam todo o elenco. Depois dessa temporada, eu retornei para São Paulo.

Capítulo XIII

Na Companhia Nydia Lícia

A Nydia Lícia montou e dirigiu a peça *M.M.Q.H.*, do autor uruguaio Luis Novas Terra. Seu teatro era o Bela Vista, hoje Teatro Sérgio Cardoso. Nós não nos conhecíamos pessoalmente, mas ela ouviu falar de mim como uma atriz interessante que excursionou com a companhia da Cacilda. Na nossa conversa, já me convidou para fazer a peça. Nem fiz teste.

A peça falava de bomba atômica. Era uma peça esquisita, muito estranha, um elenco grande. Lembro-me da Maria Helena Dias, os outros não me recordo, perdi-os de vista. Ensaiamos, estreamos e foi um fracasso. Acho que foi um dos maiores fracassos da carreira da Nydia. Não ia ninguém no teatro. Eram 15 atores no palco, 12 espectadores na platéia. Ficou pouquíssimo tempo em cartaz.

Comigo houve um acontecimento desagradável. O Décio de Almeida Prado, que era o maior crítico da época, foi ver a peça. Ele falou de todo mundo, menos de mim. Eu que ainda era uma chorona, fiquei dois dias chorando sem parar. Pior do que receber uma crítica desfavorável, é você nem ser citado na crítica. O Apollo foi o meu consolador nessa tragédia, dizia que num outro trabalho eu seria reconhecida.

A gente para fazer carreira naquela época não contava com a mídia, que hoje fabrica estrelas e astros. Não havia silicone ou outro apetrecho para chamar a atenção sobre você. Era nossa atuação que nos divulgava e servia de convite para outro trabalho. Você precisava ser reconhecido pela crítica, ser conhecido no meio teatral e ser também reconhecido pelo público. Era uma trajetória que o ator precisava fazer. Ora, se a crítica não falou de mim, era como se eu não existisse como atriz.

A Nydia montou em seguida a peça *O Pobre Piero*, que também foi detonada pela crítica. E, dessa vez, não citou o nome de nenhum ator. Fiquei mais conformada, porque não tinha sido a única esquecida. No elenco dessa montagem estava a Ruthinéa de Moraes e, a partir daí, ficamos amigas.

Podem ter sido fracassos profissionais, mas a convivência com a Nydia valeu tudo. Ela foi muito importante na minha vida. Acho que ela nem sabe quanto. Eu já estava casada há uns dois anos quando fui trabalhar com ela. No período de o *Pobre Piero*, meu casamento entrou em crise. Fiquei muito triste porque parecia que esse casamento ia acabar mesmo e eu precisaria voltar para Porto Alegre. Na minha cabeça, com o fim do casamento, tudo estaria encerrado em São Paulo. Talvez tivesse medo de ficar sozinha, de ficar desamparada. Num dos ensaios, pedi para falar com a Nydia no seu escritório e, aos prantos, disse que não continuaria na peça, porque eu tinha me desentendido fortemente com meu marido e que iria voltar para Porto Alegre. A Nydia tinha um secretário, o senhor Renato, uma pessoa muito boa, que também ouviu meu lamento. Foi um desabafo demorado, porque ora falava, ora chorava e o senhor Renato buscando litros de água para eu beber. No final, a Nydia me disse: *Elisabeth, crise no casamento todo mundo tem e eu acho que você não deve nem pensar em voltar para Porto Alegre. Porque se você voltar agora, talvez você encerre sua carreira como atriz. Isso você não pode fazer. Fique aqui, batalhe pela sua carreira. Agora, se você achar que a convivência com o seu marido é impossível, vem morar na minha casa.*

Aquilo me deu muita força e conforto! Eu me senti amparada. Voltei para o ensaio. Nisso, o senhor Renato sem dizer nada foi até a minha casa, que era perto do teatro, para falar com o Apollo. E deve ter sido uma conversa franca mostrando onde ele estava errado, porque quando voltei para casa fizemos as pazes e ficou tudo bom de novo. Penso que estou em São Paulo até hoje porque minha mãe me mandou para cá e a Nydia me fez ficar.

Capítulo XIV

O Marido Fotógrafo

Conheci o Apollo no teste para o seu estúdio fotográfico, praticamente quando cheguei a São Paulo como já citei. Ele era um excelente fotógrafo. Após as fotos, ele me levou até o hotel em que eu estava morando na Praça da República na sua Romiseta, um carro pequeno que foi fabricado no Brasil na década de 60. Ele era um homem muito bonito, um olhão verde. Como tinha pouco cabelo, raspava por inteiro. Naquela época, era algo inusitado. Eu achei bem charmoso. Não era muito alto, tanto que eu não podia usar sapato de salto.

Não fiquei logo apaixonada pelo Apollo. Gostava de estar na sua companhia e como não conhecia muita gente em São Paulo, sair com ele era muito agradável. O Apollo era um homem muito sedutor, foi me envolvendo, me apaixonei, acabamos namorando e, em pouco tempo, ele me pediu em casamento. Ele era desquitado. Levei-o para conhecer minha mãe em Porto Alegre. Minha mãe pediu que a gente encontrasse uma maneira de formalizar esse casamento. Como sua filha única, ela queria uma situação melhor para mim. Descobrimos que havia um cônsul da Bolívia que fazia casamentos por procuração. A gente fazia os papéis num cartório daqui e ele encaminhava para um juiz na Bolívia. Recebia-se depois uma certidão de casamento da cidade de Cochabamba. Muito chique, não é!? Ainda recebi uma caderneta para registrar os filhos e, na última página, o formulário para o divórcio. Naquela época muita gente casou em Cochabamba.

Só fui morar com ele quando os papéis chegaram. Dona Toni, dona da pensão, fez um almoço para a mãe do Apollo e os hóspedes da pensão com garçom e tudo. Fomos em lua-de-mel para Ilhabela, litoral de São Paulo, na Romiseta. Antes passamos pela Igreja Santa Cecília, aqui em São Paulo, porque o Apollo era católico e queríamos rezar pela nossa união. Estava acontecendo um casamento na hora e, tudo o que foi dito, assumimos como se fosse para nós também. Não foi uma lua-de-mel muito boa. Choveu três dias, e se Ilhabela chovendo já é ruim hoje, imagina naquela época. Na volta, a Romiseta quebrou em Caraguatatuba, cidade próxima de Ilhabela. Pernoitamos num hotelzinho que tinha tanto pernilongo, que, no outro dia, o pessoal da pensão pensou que eu estivesse com catapora. Cheguei a pensar: *Meu Deus, se a lua-de-mel foi isso, como será esse casamento*. Mas, graças a Deus, foi um casamento feliz por cinco anos. O sexto ano já foi complicado.

O Apollo era bastante ciumento. Isso trouxe alguns problemas no início de minha carreira. Interferiu muito nas minhas escolhas de trabalho. Lembro que fui convidada para um filme americano que seria rodado no Rio de Janeiro e ele não me permitiu fazer. Alegou que eu iria ficar muito tempo fora de casa. Mas, ao mesmo tempo, me incentivava e me deu muita força e apoio em momentos cruciais desse início de carreira em São Paulo.

Nós tínhamos muitas afinidades. Era muito bom estar com ele. Começamos a brigar por bobagem. Quando ele entrava numa concorrência, ele me usava como modelo. Se ganhava, na hora de assinar o contrato, convidava outra modelo. Eu ficava louca da vida. Aí, a gente brigava. Algumas brigas foram mais sérias e eu até pensei em voltar para Porto Alegre. Como já falei, a Nydia Lícia foi a salvadora numa dessas brigas.

Outro problema foram os altos e baixos financeiros, porque ele não tinha um emprego fixo. Tinha dinheiro quando pintava trabalho. O mesmo comigo. O bendito carro sempre dava problemas. Até que um dia, o Apollo cansou e deixou a Romiseta na Rua Augusta e não buscou mais. No último ano do nosso casamento, ele precisou fechar o estúdio da Augusta e o trouxe para dentro de casa. Ficou mais complicada a nossa vida. Outro problema foi o desentendimento entre o Apollo e a minha mãe. No último ano do casamento, minha mãe veio morar em São Paulo.

Nosso processo de separação começou em 1966. Ele pediu à minha mãe para ensiná-lo a falar alemão. Como minha mãe já estava idosa, ela sugeriu que ele fosse aprender no Instituto Goethe. Ele foi e se apaixonou pela professora. Fui a Porto Alegre para acertar os últimos trâmites para

minha mãe ficar em São Paulo. Na volta, achei-o tão diferente, perguntei o que havia acontecido. Ele só disse que nosso casamento havia acabado. Foi um soco no estômago. Num clima tenso de separa, não separa, eu aceitei o convite para fazer um filme no Sul do Brasil: *Férias no Sul*. Achei oportuno sair de São Paulo naquele momento. Voltei e o caso tinha terminado. A separação foi inevitável. A confiança não existia mais. Eu sofri muito, porque não queria a separação. Todas as separações são geralmente dolorosas. Um vai embora e o outro fica. O que fica, não fica bem. Foi o meu caso. Até financeiramente fiquei mal. Eu não tinha nenhuma independência econômica. Tinha o meu trabalho, mas era dividido entre nós. Nesse período, entrou na minha vida a Ruth Escobar.

Ficamos muito tempo sem nos ver. Mais tarde, nos cruzamos em alguns eventos. Ele se casou de novo e mudou-se para Joinville, SC, continuando sua carreira de fotógrafo. Em 2007, lendo um artigo do Ignácio Loyola de Brandão, que era um dos nossos amigos, fiquei sabendo que ele havia morrido há três anos. Como são estranhos nossos sentimentos. Falamos que somos isso ou aquilo, que estamos assim ou assado e, de repente, nossos sentimentos nos dão uma rasteira, nos surpreendem totalmente. Minha sensação ao terminar o artigo do Loyola era de profunda viuvez. Eu fiquei bastante triste e essa sensação forte de perda durou dias. O Apollo foi uma pessoa que eu amei e ali estava claro que definitivamente tudo tinha acabado.

Capítulo XV
Boeing, Boeing

O Oscar Ornstein, que era relações públicas do Copacabana Palace, produziu a peça *Boeing, Boeing* com muito sucesso no Rio de Janeiro. Então, ele quis montar a peça aqui com atores de São Paulo. Entrou em contato com a Nydia Lícia para alugar o Teatro Bela Vista e pediu que ela indicasse atores e atrizes para a montagem. Ela logo indicou a mim. Como o Oscar não conhecia meu trabalho, pediu-me que eu fizesse um teste no Rio. O diretor da montagem paulistana foi o Carlos Kroeber, que havia sido assistente do Adolfo Celi, diretor da montagem no Rio de Janeiro.

Como a Nydia tinha que ir ao Rio de Janeiro tratar dos negócios envolvendo o teatro, me levou com ela. Veja a generosidade dessa mulher. Encontramos o Oscar Ornstein, homem muito elegante, fino, gentil. A Nydia foi tratar de negócios e eu fiz uma leitura da peça para o Carlos Kroeber. Era o papel de uma aeromoça alemã da Lufthansa com sotaque. Eu falo alemão com a mesma fluência que falo português. Fui aprovada no teste. Ainda voltei ao Rio, antes da peça estrear, porque a propaganda na época era no cinema, não na televisão. Então filmei o anúncio da peça no Rio de Janeiro. Fiquei hospedada no Copacabana Palace por uns quatro dias, dei de cara com o Ibrahim Sued, o grande colunista social da época, com o Jorginho Guinle, um dos donos do hotel.

Teatro Bela Vista

DISTRIBUIÇÃO GRÁTIS — SETEMBRO, 1964 — (2)

NYDIA LICIA
apresenta

«BOEING-BOEING»

Uma produção de OSCAR ORNSTEIN

Comédia em 3 atos de Marc Camoletti
tradução de Elsie Lessa
(Personagens por ordem de entrada em cena)

Janet	ANA MARIA NABUCO
Bernard	JOHN HERBERT
Berthe	CARMINHA BRANDÃO
Robert	FRANCISCO CUOCO
Jacqueline	EVA WILMA
Judith	ELISABETH HARTMANN

DIREÇÃO GERAL DE ADOLFO CELI

Direção em São Paulo: Carlos Kroeber

Assistente de Produção: Lucilla Amaral Souza

AIR FRANCE — PAN AMERICAN — LUFTHANSA

«BOEING-BOEING», estreou no Rio de Janeiro, no Teatro Copacabana no
dia 12 de junho de 1963

As atrizes desta péça são penteadas por
MARGARIDA CABELEIREIROS
Alameda Lorena, 1867

Esta peça recebeu a colaboração de:
MÓVEIS BELAS ARTES — Rua Xavier de Toledo, 88
SCARLATO — fábrica de móveis — Av. Brigadeiro Luiz Antonio, 1712
LUNGARNO — móveis — Av. Brigadeiro Luiz Antonio, 1431

AO QUADRO ELEGANTE — Rua Sebastião Pereira, 150

DOMINICI ILUMINAÇÃO MODERNA LTDA. — Rua 13 de Maio, 53

SELEARTE — Rua Augusta, 2706

HENRIQUE LIBERAL — Rua Augusta, 2630

Lógico que não me conheciam e nem falei com eles, mas achei o máximo vê-los. Isso foi em 1964.

Há um fato curioso. No dia que voltamos do Rio, quando olhamos pela janela, havia tanques do Exército na rua. Almoçamos e mais tarde pegamos o trem de volta a São Paulo. Tudo estava meio parado, estranho e ainda falei que aquilo parecia uma guerra. Viajamos à noite. Descemos na estação do Brás e o clima estava igual. Era 1º de abril de 1964. O golpe militar tinha acontecido na véspera, quando saímos do Rio.

O Carlão viria para me ensaiar em São Paulo faltando uma semana para a estréia. Fiquei meio temerosa, porque todos os papéis tinham equivalência, tanto das três aeromoças, quanto dos dois rapazes e da empregada da casa. Era muito texto para cada um e eu não tinha essa cancha toda, daí meu temor. Então o Apollo sugeriu que eu ensaiasse com o Fredi Kleeman, que era nosso amigo. Ele, além de ator, era fotógrafo também. O Fredi vinha todos os dias à nossa casa depois do almoço para tomar café, fumar charuto e conversar conosco. Ele me deu todas as coordenadas como atriz. Para o Carlão, ficou só a marcação, o que ele adorou. Do elenco original, vieram para São Paulo o John Herbert, a Eva Wilma, o Francisco Cuoco e a Carminha Brandão. Aqui, entramos a Nydia Lícia e eu. Depois, a Ana Maria Nabuco substituiu a Nydia.

Graças a Deus, me senti redimida das más críticas com *Boeing, Boeing*. Após a estréia, o Décio de

Almeida Prado escreveu uma crítica falando da peça, dos atores e destacando o meu trabalho como sendo a grande revelação. Isso foi tão bom, porque eu recebia menos que os outros que já estavam há mais tempo na peça e, após essa crítica, o Oscar Ornstein mandou-me uma carta linda equiparando meu salário ao dos outros atores. A peça ficou cinco meses em cartaz em São Paulo, de terça a domingo. O Oscar vinha muito a São Paulo, nos levava para jantar. Um período muito gostoso.

No meio da temporada houve um fato desagradável. Morreu o pai do Francisco Cuoco, que foi substituído pelo Rubens de Falco. O Cuoco não voltou para a peça. A estréia do Rubens foi desastrosa, porque a gente não parou um só dia e ele garantiu que decorava em 24 horas. Na estréia, ele sabia só o primeiro ato, no segundo ato a gente ficava dizendo para o Rubens: *Mas... você não ia dizer...* e falava a frase dele. Depois deu certo.

De São Paulo, fomos para Porto Alegre, no Teatro Leopoldina. Até hoje, não entendo por que saímos de São Paulo naquele período. A casa estava sempre lotada, fiz matéria para a revista O Cruzeiro, cheguei também a gravar um episódio de teleteatro na TV Tupi dentro do *TV de Vanguarda*. Era todo um frenesi em torno da peça. Além do Cuoco, a Carminha Brandão, que era namorada dele na época, também não foi a Porto Alegre. A Monah Delacy, mãe da atriz Cristhiane Torloni, a substituiu.

Mas, em Porto Alegre, a Monah também saiu e entrou a Berta Loran, que foi atriz de teatro de revista e fazia uma linha de interpretação muito diferente.

Em Porto Alegre, a peça não fez muito sucesso. Ficamos um mês em cartaz. Aquele teatro imenso nunca lotou, a crítica foi desfavorável. Fiquei magoada com a maneira pela qual fizeram a crítica. No mesmo período que fazíamos *Boeing, Boeing*, um grupo de teatro amador fazia *As Feiticeiras de Salem*, no Teatro São Pedro. A crítica então escreveu: *O ronco dos motores em contrapartida às correntes de Salem*. Era uma comparação entre os dois espetáculos falando que o nosso era superficial e o outro sério. De qualquer forma, a temporada serviu para estreitar meus laços com a Vivinha e o John Herbert. Éramos convidados para muitas festas e jantares. A gente se divertiu bastante.

Capítulo XVI

Meu Encontro com Mazzaropi

Depois da temporada de Porto Alegre voltei para São Paulo e fui convidada para fazer um filme com Amácio Mazzaropi. Ele tinha me visto em O *Pobre Piero*. Comíamos um lanche em frente ao Teatro Bela Vista entre as matinês e as apresentações da noite. Numa dessas vezes, o Mazzaropi estava lá tomando café. Ele veio falar comigo e disse que tinha visto a peça e gostado de mim, me achado divertida. Eu nem falei nada, tal o encantamento em que estava ao ver aquele homem na minha frente. Ele não era bem recebido pela crítica, mas já era um ídolo nacional.

O convite veio por intermédio do ator Edgar Franco, que trabalhou muito com o Mazzaropi. Ele veio à minha casa me convidando em nome do Mazza. O convite era para fazer *O Puritano da Rua Augusta*. Isso foi em 1965. Um filme ainda em preto-e-branco. Fui ao escritório da PAM Filmes (PAM era a sigla de Produções Amácio Mazzaropi), no Largo do Paissandu. O Mazzaropi me explicou toda a história do filme, reafirmou o convite e falou para eu conversar sobre salário com o secretário dele. O Mazzaropi não gostava de falar de dinheiro com os atores, porque ele sempre queria pagar menos, afinal era também o produtor dos seus filmes.

Lá fui eu para Taubaté, interior de São Paulo, na fazenda do Mazzaropi, onde ficavam seus

Elisabeth em cena de O Puritano da Rua Augusta, com Edgar Franco, Carlos Garcia, o menino João Batista de Souza, Marina Freire e Marly Marley

estúdios. De cara, Mazzaropi e eu nos demos bem. Eu fiz o papel de irmã dele. O Mazzaropi sempre trabalhava com a Geny Prado, mas eles tinham se desentendido pouco antes das filmagens. Eu a substituí e o Mazza ria muito, porque nós éramos bem diferentes. Ele brincava: *Um de nós é filho de incubadeira, porque de irmãos nós não temos nada.* Nesse filme *O Puritano da Rua Augusta* estavam ainda a Marly Marley, o Edgar Franco, a Marina Freire, o Henricão, que foi Rei Momo do Carnaval de São Paulo por muitos anos e tinha trabalhado na Vera Cruz.

Nós ficávamos hospedados nessa fazenda dele em Taubaté, que, na época, ficava fora da cidade. O som era direto e o estúdio, um celeiro adaptado, sem isolamento acústico. De vez em quando, parávamos as filmagens por causa do cacarejo das galinhas ou uma carroça que passava. O Mazzaropi ficava muito bravo, pois ele deixava alguém vigiando para não ter esses barulhos, mas a pessoa se distraía e lá ouvíamos o trote do cavalo.

O Mazzaropi sempre mandava fazer um roteiro a partir de uma idéia dele. Mas ele não gostava do roteiro, mesmo que estivesse bom. Ele pegava o roteiro e perguntava o que a gente diria naquela situação e então dizia que era isso que a gente ia falar. Ele improvisava muito, fazia aquelas caras dele e tínhamos que parar, porque ríamos, não aguentávamos.

Começamos a tomar café ou chá juntos quando ele e eu não estávamos filmando. O Mazzaropi gostava de contar sua vida, contar uns causos. Era uma pessoa muito interessante de quem eu gostava muito. Havia alojamentos femininos e masculinos e refeitório para os atores e a equipe. O Mazzaropi ficava na casa dele com a sua mãe, dona Clara. Volta e meia, ele me chamava para almoçar com eles. Lógico que era muito agradável, mas eu não gostava muito porque o resto do elenco ficava muito enciumado. E ainda rolou uma fofoca envolvendo relacionamentos de atores que deixaram o Mazzaropi bravo.

Alguns acreditaram que fui eu que fiz a fofoca por freqüentar a casa do Mazza. Até desfazer esse mal-entendido levou tempo.

Eu vinha a São Paulo nas folgas das filmagens. A TV Tupi ainda não me havia pago o episódio do teleteatro que gravei. Então, numa dessas vindas, resolvi ir até lá para ver se recebia. Fui à sala do Benjamin Cattan, que havia dirigido o episódio. Estava na ante-sala e entra o Cassiano Gabus Mendes, que era o diretor da emissora na época. Ele me viu e disse: *Olha, a gente está procurando uma atriz para um papel numa novela e eu acho que poderia ser você. Quer fazer?* Era a novela *A Outra*, do Walter George Durst, direção do Geraldo Vietri, que já estava no ar. Respondi que não ia dar porque eu estava filmando com o Mazzaropi, provavelmente por mais duas semanas. O Cassiano então disse: *Você vai deixar de fazer a novela por causa de duas semanas? Vê se ajeita isso.* Falei que ia ver o que podia fazer. Ainda indiquei uma atriz que ele não aceitou e disse que ia esperar até a noite minha resposta.

Quando cheguei em casa, falei com o Apollo que o dinheiro eu não tinha recebido, mas tinha recebido um convite para novela. Emendei que não daria para fazer por causa do filme. Ele disse que a experiência da novela ia ser interessante, pegou a Romiseta e fomos falar com o Cassiano. Quando ele me viu, falou: *Vai fazer o papel, né?* E assim fiz minha primeira novela.

O papel era pequeno, mas o seu bordão fez sucesso. O nome da personagem era *Keti* e ela dizia: *Keti com K maiúsculo*. E isso pegou. Ela chegou a namorar o personagem do Juca de Oliveira. Eu ganhava por capítulo em que aparecia. O Geraldo Vietri, diretor da novela, gostou de mim e me colocava para fazer uma aparição relâmpago, às vezes, só abrir uma porta, para eu ganhar aquele cachê.

Capítulo XVII

Outros Filmes e Histórias do Mazzaropi

O Mazzaropi gostava de lançar seus filmes no dia 25 de janeiro, aniversário da cidade de São Paulo. Ele ia com todo o elenco assistir à sessão das 22 horas no Cine Art Palácio, na Avenida São João. Eu não podia imaginar o que era aquilo. Literalmente, a Avenida São João parava, com cordões de isolamento, o corpo de bombeiros jogando refletores em cima do cinema, a Banda Municipal de São Paulo tocando. Uma multidão incalculável esperando o Mazzaropi chegar no seu Galaxy branco. Era uma loucura, sem exagero.

Ele não era um galã de novela, mas era o caipira do cinema nacional com quem o público se identificava. Era um empurra-empurra, Mazzaropi conduzido pelos policiais até o palco. Aí ele apresentava os atores um por um. Quase ninguém batia palmas para nós, porque o ídolo era o Mazzaropi. Ele contava uma piada, cantava e o povo delirava. Nunca tinha visto nada assim. E vi isso se repetir nos outros filmes dele dos quais participei. Depois da sessão, ainda ficávamos um pouco por ali e íamos ao Gigetto, lugar de encontro da classe artística na época, mas o Mazza não ia. Ele não participava de festas ou jantares fora de casa.

Apareceram uns comentários da classe artística assim: *Você que participou de um filme do Khouri, foi fazer um filme do Mazzaropi?* Que preconceito bobo, porque ainda em vida ele se tornou um ícone e foi chamado para dar palestras em escolas de cinema e hoje é considerado uma das grandes figuras do cinema nacional. Eram comentários de uma chamada elite cultural da classe que às vezes nem tinha trabalho. Engraçado que, mais tarde, quando fiz um filme na Boca do Lixo meio pornochanchada, foi o Mazzaropi quem fez um comentário preconceituoso. Ele me deu a maior bronca: como uma atriz como eu tinha se prestado a fazer um filme daqueles, etc., etc. Eu só respondi que eu era uma atriz profissional, precisava trabalhar e tinha contas a pagar. Os filmes da Boca do Lixo, até os de pornochanchada, eram feitos com muito respeito e profissionalismo.

Nosso relacionamento foi tão bom e agradável que eu fiz sete filmes com ele. O Mazza gostava de trabalhar comigo. Posso ter muitos defeitos, mas no meu ofício sou muito disciplinada, não chego atrasada, respeito o texto, não crio problemas com o trabalho. Tenho prazer de atuar. Eu também gostava muito de trabalhar com o Mazza. Ele gostava de conversar comigo. Sei muitas coisas da vida dele e fico indignada quando algumas pessoas fazem comentários sobre ele que não são verdadeiros. Muitas vezes são faladas coisas sobre ele que não correspondem à verdade. Se você não é capaz de respeitar o ser humano, respeite ao menos aquele que já não pode mais se defender.

Em *O Jeca e a Freira*, eu era a freira. Qualquer ator que trabalhasse com ele por mais famoso que fosse sempre seria coadjuvante em maior ou menor escala. Mas não me importava com isso, porque, como já disse, gostava de trabalhar com ele. Ele gostou tanto de *Boeing, Boeing*, que queria que eu fizesse a freira com sotaque alemão. Eu não quis, para não ficar estigmatizada. O Mazza compreendeu e aceitou meus argumentos. No filme também trabalhou o Ewerton de Castro, na sua primeira experiência no cinema. Olha, fazer uma freira no calor de Taubaté foi puxado, porque a gente fazia muita externa e eu o tempo todo com aquele hábito pesado. Cada parada, eu buscava a primeira sombra que visse. No período das filmagens, eu estava em cartaz com uma peça aqui em São Paulo e então voltava toda noite para cá.

O Mazza fazia umas coisas muito engraçadas. Havia um professor de português de Pindamonhangaba, cidade vizinha a Taubaté, que também fabricava lingüiça artesanal, o professor Agostinho. O Mazzaropi comprava lingüiça dele e eram muito amigos. Num dia em que ele foi entregar as lingüiças, o Mazzaropi disse: *Agostinho, você é a pessoa ideal para fazer o padre do filme.* Coitado, ele era professor de português e fabricante de lingüiça, não ator. Com quem o senhor Agostinho mais contracenava fazendo o papel do padre: com a freira. Ele não acertava o texto, filmava cada cena seis, sete vezes. O Mazzaropi ficava nervoso com o Agostinho e lá pela

Cena de O Jeca e a Freira, com Paulette Bonelli, Elisabeth Hartmann, Geny Prado e Amácio Mazzaropi

Cena de O Jeca e a Freira, com Elisabeth Hartamnn, Geny Prado, Amácio Mazzaropi e Carlos Garcia

sexta ou sétima tomada, ele acertava, mas eu errava, porque ele já tinha me desconcentrado totalmente. O Mazza não ficava nervoso comigo. Fazia um discurso assim: *É claro. A mulher só podia errar, porque você, Agostinho, errou o tempo todo, como ela não ia errar também. Agora vamos acertar.*

Lá pela oitava vez, a cena saía direito. Mas, olhando a cena, o Agostinho está ótimo e eu péssima, porque de tanto repetir, eu já não tinha mais aquela espontaneidade. Ele, no medo, no susto, acabava acertando. Tinha essas coisas com o Mazza. Às vezes, eu encontro gente na rua que comenta que fizemos um filme do Mazzaropi juntos e eu não me lembro, porque ele fazia dessas, colocava gente que não era ator, mas dava certo.

Alguns filmes dele eram dirigidos por outras pessoas – o Pio Zamuner, o Glauco Mirko Laurelli, o Milton Amaral, entre outros. Mas, geralmente, o diretor cuidava da câmera, porque era o Mazza quem dirigia os atores, principalmente se ele estivesse na cena. Com ele, além dos dois já citados, fiz *No Paraíso das Solteironas, Jeca, um Fofoqueiro no Céu, Portugal, Minha Saudade, Uma Pistola para Djeca, Jeca e seu Filho Preto*. Em *No Paraíso das Solteironas*, eu fazia uma cigana. Ia usar uma peruca, mas o Mazza não gostou de nenhuma. Então, ele pediu para eu pintar meu cabelo. Pintei de preto. Fiquei horrível, parecia um espantalho. As pessoas se assustavam. A pele ficou mais branca, ficou muito esquisito. Mas ele achou uma maravilha. Ficou bom em relação ao filme, mas eu fiquei esquisitíssima.

Ele como já disse era muito gentil comigo, mas o vi perdendo a paciência com outros atores, com técnicos. Mazza era de origem muito humilde, seus pais foram artistas de circo, onde ele também começou. Com o trabalho no cinema, ele ficou muito rico. A primeira fazenda onde filmei, tornou-se só fazenda mesmo. Ele comprou outra mais perto e construiu um estúdio de última geração com alojamento e infra-estrutura onde hoje é o Hotel Fazenda Mazzaropi, em Taubaté. Acho que por tudo isso ele ficou uma pessoa muito desconfiada dos que se aproximavam dele. Acreditava que as pessoas se aproximavam dele com segundas intenções. Comigo, penso que ele percebeu que eu ia só para filmar, eu não puxava saco, por isso confiava tanto em mim. Cheguei a escutar dele: *Você acha que alguém gosta de mim porque sou bonito? As pessoas gostam de mim pelo que eu tenho.*

Mazzaropi adotou dois filhos, que lhe deram muito trabalho. O mais velho teve muitos problemas, depois se recuperou, e o menor, infelizmente, foi assassinado. Uma pessoa muito boa e venerada por ele era sua mãe, dona Clara. O Mazza era engraçado, mas também era firme com a sua produtora, por isso deu tão certo, uniu o lado artístico com um bom tino para negócios. Ele que cuidava de tudo.

No último filme que fiz com ele, *Jeca e seu Filho Preto,* houve uma situação desagradável. Eu dividia o quarto com a falecida atriz Carmen Monegal, que estava casada com o Carlos Alberto Riccelli, mas em crise no casamento, por isso sempre de mau humor. Numa volta de São Paulo, quando entramos no nosso quarto, ela desconfiou que alguém tinha dormido lá, que o quarto estava sujo, fez um escândalo e foi direto na casa do Mazza reclamar. Isso já era meia-noite e fui atrás dela para dissuadi-la da idéia por estar todo mundo dormindo. Ela não me ouviu, tocou a buzina do carro, fez uma gritaria e acordou metade do alojamento e também o Mazzaropi. Como eu estava junto, o Mazza pensou que eu estava no meio da bagunça. No outro dia, ele estava de mal comigo. Até eu explicar pra ele sem deixar a Carmen mal na história, passaram-se alguns dias.

Meu relacionamento foi sempre sincero com ele até do que eu não gostava. Fiquei muito triste quando soube da sua morte. Ele teve câncer ósseo e tinha muitas dores. As últimas filmagens foram à base de medicação. Eu estava gravando uma série para a TV Cultura em Campos do Jordão, *Floradas na Serra.* Na véspera de sua morte, quando passamos por Taubaté, eu disse a um colega: *Olha, por ali fica o estúdio do Mazzaropi. Eu estou com tanta saudade dele. Preciso telefonar pra ele.* No dia seguinte, quando ligo o rádio, a primeira coisa que escuto é a notícia da sua morte. A Rádio Jovem Pan ainda telefonou para eu dar um depoimento sobre ele, mas eu mal conseguia falar de tanto que chorava.

Ele foi enterrado em Pindamonhangaba, interior de São Paulo. Fiz júri num Festival de Teatro de lá e me perguntaram se eu queria ir até o cemitério visitar seu túmulo, mas eu não quis. Como também não aceitei nenhum convite para ir a festividades relacionadas a ele em Taubaté, no Hotel Mazzaropi. Gosto de lembrar-me dele vivo e tenho todas as lembranças daquele tempo na memória. Acho que algumas pessoas exploram sua memória. O Mazza merece ser lembrado, homenageado e biografado com sinceridade.

A gente deu muita risada. O Mazzaropi foi uma grande figura. Ele vai estar vivo para sempre na sua obra.

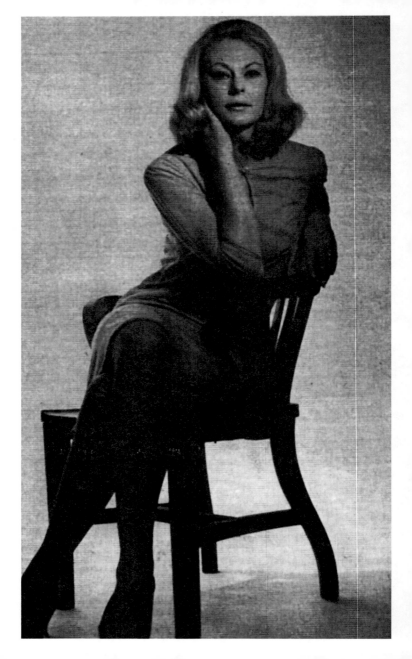

Capítulo XVIII

Trabalhando com Ruth Escobar

Após a minha separação, encontrei-me com Ruth Escobar que foi muito carinhosa. Sou muito grata a ela. Sei que muitas pessoas fazem comentários desairosos a seu respeito, mas minha experiência com ela foi maravilhosa. As pessoas são diferentes umas com as outras, tem a questão empatia, simpatia. Eu estava no auge do desespero: descasada, desempregada, *des-tudo*. Minha mãe já morando em São Paulo e dependendo economicamente de mim. Como suprir tudo isso?! Nesse momento veio o convite da Ruth para eu atuar na peça *Um Estranho Casal*, de Neil Simon. Fizemos a versão masculina.

Na verdade, encontrei acidentalmente com o administrador da Companhia Ruth Escobar, o Romano, que comentou que a Liana Duval iria sair da peça e que ele ia indicar meu nome para substituí-la. Eu conhecia a Ruth de Porto Alegre do tempo de estudante, quando ela também esteve lá com a sua companhia e outras vezes a vi no palco. Era um conhecimento superficial, mas cordial.

A peça tinha no elenco Lima Duarte, Juca de Oliveira, Rui Rezende, Telcy Perez, Arabela Bloch. Os dois papéis femininos eram pequenos, mas muito divertidos. Arabela e eu nos divertíamos muito, até mais que o público, porque o Lima toda noite em cena aprontava alguma coisa para provocar nosso riso. Foi um período curto de convivência, mas foi um período muito agradável, legal mesmo. E com a Ruth estabelecemos uma amizade forte. Ela foi muito generosa comigo. Sempre me pagou pontualmente e até me presenteou.

Em seguida, fiz com ela *A Lisístrata*, de Aristófanes, dirigida pelo Maurice Vaneau. A Ruth fazia o papel da Lisístrata e eu fazia dois papéis pequenos: Lampito, uma mulher espartana e no final, a Paz. Nesse período, a Ruth ainda montou outra produção da qual eu não participava, a peça *Esse Ovo é um Galo*, do Lauro César Muniz. Nós fazíamos na sala de cima e a outra produção na sala debaixo do Teatro Ruth Escobar. Como ela havia pleiteado uma verba da prefeitura, não poderia ter duas montagens. Então, me colocou como produtora da segunda montagem e me deu uma pequena porcentagem, até porque eu ia à prefeitura para saber da verba, verificava outros detalhes. A Ruth ainda precisou sair da peça e foi substituída pela Rosamaria Murtinho. Deixou a Assunta Perez e eu administrando a companhia.

Nessa peça, houve um acidente comigo. No final, a Lisístrata dizia: *Agora, tragam a paz*. Eu descia por um praticável do teto do teatro com uma malha cor da pele. Acho que hoje ninguém usaria uma malha, desceria nua mesmo. Nos seios, sobre a malha, estavam duas pombas douradas e uma pomba abaixo do ventre. Ainda tinha um ornamento na cabeça. Era tudo muito lindo. Eu descia e começava a festa entre as mulheres e seus maridos porque a guerra havia terminado. A peça tem um subtítulo: *A Guerra dos Sexos*. Numa matinê de domingo, quando a Rosamaria disse a frase, eu despenquei lá de cima, porque o contra-regra que deveria fazer a descida do praticável lentamente, estava dormindo. Quando eu subi no praticável, ele despencou. A sorte é que na metade da descida havia um contrapeso que diminuiu a velocidade da queda e eu não me machuquei muito. Fiquei só com o pé preso num arame e cortei o tornozelo. Foi enorme o meu susto e maior ainda dos espectadores, porque na

Cena de Lisístrata

hora em que escutaram *"agora, tragam a paz"*, despencou uma mulher lá de cima. Ninguém entendeu nada.

Foi fazendo essa peça que eu filmei também *O Jeca e a Freira*. Era uma maratona, mas quando se é jovem, tudo é mais fácil. Dormia no ônibus pela madrugada indo para Taubaté e à tarde voltando para São Paulo. Com as duas produções, minha mágoa e meu ressentimento da separação foram sumindo.

Outra peça que fiz nessa época foi *O Licor de Maracujá*, de Abílio Pereira de Almeida. A peça foi produzida e dirigida também pelo Abílio, com quem finalmente trabalhei. Fui convidada para integrar o elenco na turnê pelo interior paulista. Era um elenco muito interessante: o próprio Abílio, Fredi Kleeman, Ruth de Souza, Carmem Silva, Maria Helena Dias, Nilson Condé. O Abílio Pereira de Almeida era uma pessoa muito especial. Escreveu muitas peças e era um grande contador de casos. Uma delícia viajar com ele. A gente viajou muito de trem, então ele já ia contando histórias, era muito legal. A Maria Helena Dias também foi uma ótima companheira de viagem, a gente sempre dividia o quarto. O Fredi Kleeman já era meu amigo, conheci a Ruth de Souza, minha amiga querida até hoje, e pude conviver com a doçura de pessoa que era a Carmem Silva. Nós também conversávamos muito. Foi um período muito agradável, com vários episódios divertidos. Numa cidade,

Cena de O Licor de Maracujá

a gente foi representar num clube que não tinha palco. Eles juntaram umas quatro mesas de pingue-pongue e a gente representou em cima daquelas mesas. Meu salto ficou preso no meio da fresta das mesas.

Nesses momentos de improvisação você tem que se virar mesmo. Isso vai te dando segurança no seu trabalho, porque o espetáculo não pode parar.

Em seguida, fui convidada pelo Osmar Rodrigues Cruz, diretor do Teatro Popular do Sesi, para fazer uma substituição na peça *O Milagre de Anne Sullivan*, de Willian Gibson, baseada no livro autobiográfico de Helen Keller. Fiz o papel da mãe durante 15 meses. O Teatro Popular do Sesi ficava na Rua Três Rios, no Bom Retiro, no Taib (Teatro de Arte Israelita Brasileiro). Substituí a Júlia Miranda, que já havia substituído a Nize Silva, que passou para o papel da professora Anne Sullivan, antes da Berta Zemmel. Meu marido era o Linneu Dias, que eu já conhecia desde Porto Alegre. Minha amiga Ruth de Souza era a criada, um papel muito importante. A Reny de Oliveira, que mais tarde fez a Emília na versão de 1978 do Sítio do Picapau Amarelo, na TV Globo, fazia a filha Helen Keller. O Ezequiel Neves fazia meu enteado. Posteriormente, ele deixou o teatro para ser o produtor musical do Cazuza.

A Reny ganhou todos os prêmios daquele ano. Depois que ela saiu para fazer televisão, entrou a Dora Castellar, que hoje escreve peças de teatro,

Cena de O Milagre de Anne Sullivan

Cena de O Milagre de Anne Sullivan, com Ezequiel Neves, Nize Silva, Reny de Oliveira e Linneu Dias

novelas na TV Record e livros de contos. Ela é filha de dois novelistas do rádio e do começo da televisão, José Castellar e Heloísa Castellar. O José Castellar foi um dos fundadores da TV Tupi.

No período em que eu estava fazendo essa peça, eu pegava um ônibus todas as noites que passava pela Praça da República. Lá, tinha uma faixa bem grande onde estava escrito: *Assistam Antônio Maria*. Era a novela de sucesso da TV Tupi. Eu não estava fazendo televisão, só teatro e alguns filmes. Queria muito fazer televisão. Então, aconteceu o acaso que a gente não explica. Numa noite, não houve espetáculo porque alguém ficou doente. A Dora e eu fomos ao cinema no Cine Belas Artes. No saguão, encontrei com o Cassiano Gabus Mendes. Eu contei uma mentirinha: falei para o Cassiano que tinha ido várias vezes na TV Tupi para falar com ele e não fui recebida. O Cassiano respondeu que nunca tinha ficado sabendo. Lógico, coitado, porque isso nunca tinha acontecido. E ele acrescentou: Então, vai lá amanhã conversar comigo. No outro dia estava lá e nem precisei abrir a boca, porque ele logo já disse: *Você quer fazer novela, não é isso?* Diante da minha afirmativa, ele disse que o Geraldo Vietri ia começar outra novela depois de *Antônio Maria*, que eu fosse conversar com o Vietri.

Saindo da sala do Cassiano, dei de cara com o Vietri. Eu tinha muito respeito por ele, parecia mais velho, e falei toda cerimoniosa se podia fazer a novela dele, que o Cassiano tinha concordado. Ele parou, olhou para mim e falou assim: *Claro que sim. Gosto muito de você como pessoa e como atriz. Volta daqui um mês que a gente conversa.* Continuei com a peça e aguardando a novela. Mazzaropi me convidou para fazer *No Paraíso das Solteironas* e eu entrei na novela *Nino, o Italianinho*. Deu para conciliar as três coisas. Precisei sair da peça na hora em que eles foram viajar, por causa da televisão. Foi com muito pesar, porque gostava da peça e do elenco.

Capítulo XIX

Questões Políticas

Em 1968, quando estava na companhia da Ruth Escobar atuando em *A Lisístrata,* o Brasil entrou numa fase política muita tumultuada. No final de uma apresentação, apareceu o José Dirceu, que era líder estudantil na época, e fez um comício relâmpago nos convocando para uma passeata. Essa movimentação contra o governo militar naquele momento girava em torno do estudante assassinado no Restaurante Calabouço, no Rio de Janeiro. Ele falou rapidamente, mas todo mundo ficou empolgado, até porque, entre outras coisas, ele era muito bonito.

A passeata começou no Largo do Paissandu em direção à Praça da Sé. Quem foi à nossa frente comandando a manifestação foi o Plínio Marcos. O bordão da passeata era: *Mataram um estudante, poderia ser seu filho.* Quando chegamos ao Viaduto do Chá em direção ao antigo Mappin veio a cavalaria da polícia militar ao nosso encontro. Quem organizou a passeata achou que era importante os artistas puxarem a passeata. Quando vimos a cavalaria, nós saímos numa correria que até hoje eu não sei que trajeto fiz para chegar em casa. Mas, dali em diante, fizemos outras passeatas de protesto. Participei de muita assembléia na qual a gente se reunia escondido, clandestinamente mesmo. Quem tomou muito a frente de todo esse movimento foi a Cacilda Becker, que era presidente da Comissão Estadual de Teatro, e a Ruth Escobar. Elas foram mesmo muito corajosas, porque inclusive foram chamadas várias vezes ao DOPS para depor. Ali começou o meu posicionamento político, porque até então eu não tinha nenhum envolvimento. Passei a ser uma cidadã mais atenta e isso foi muito importante. Em 1978, ainda estavam presos vários líderes políticos no Presídio Barro Branco. Entre esses, estava também o irmão do Carlos Zara, o Ricardo Zarattini. A Eva Wilma e o Carlos Zara começaram a fazer um movimento pela anistia que foi encampado pela classe artística de São Paulo. Nós íamos muito ao Barro Branco visitar os presos políticos. Sempre passávamos por uma revista muito intensa. Teve uma vez em que era o aniversário de um deles e encontramos com a Ruth Escobar muito animada com bolo e velinhas. Só que ela estava proibida de entrar no presídio. Ela não deu bola e entrou. Quando deram conta de que ela estava lá, mandaram todo mundo embora e no sábado seguinte a gente não pôde entrar.

Nós fomos todos para a sede do jornal *Folha de S. Paulo* e nos encontramos com o Cláudio Lembo. Lá, relatamos o que tinha acontecido. Saiu um artigo enorme no jornal sobre o fato. Enfim, o movimento pela anistia foi tomando força, não só em São Paulo, mas no Brasil inteiro. Até que em 1979 foi decretada a anistia geral e irrestrita. Houve um período em que cheguei até a me filiar ao PT. Hoje não sou mais filiada a nenhum partido. Considero-me uma pessoa politizada, enquanto eu tiver pernas para chegar até uma urna vou votar. E sempre vou participar de movimentos pela justiça e em defesa do cidadão.

Capítulo XX

Nino, o Italianinho

O elenco era fantástico – Aracy Balabanian, Juca de Oliveira, Dina Lisboa, Wilson Fragoso, Paulo Figueiredo, Tony Ramos, Bibi Vogel, Marcos Plonka, Olívia Camargo, Etty Fraser, Myrian Muniz, Chico Martins, Annamaria Dias, Dennis Carvalho. Era um elenco grande. Na televisão tem uma coisa engraçada. Muitas vezes você está na mesma novela com um colega, mas não o conhece porque ele não faz parte do seu núcleo, nunca grava com aquela pessoa. Eu tive a graça de começar a novela como uma grã-fina, filha da Dina Lisboa, num núcleo, e depois me apaixonar por um operário, me casar com ele e fazer parte de outro núcleo. O operário era o Paulo Figueiredo, filho do personagem da Myrian Muniz.

A novela durou uns 14 meses. Foi muito bom, porque nos relacionamos muito bem. Fiquei amiga da Aracy, da Bibi, que era uma pessoa tão especial, comecei a amizade com a Etty Fraser, que dura até hoje. Eu não me lembro de ter havido qualquer problema com o elenco, qualquer rusga entre os atores ou mesmo com a direção. O único senão era que a TV Tupi começou a atrasar os salários já naquela época. Foi durante as gravações de *Nino, o Italianinho* que a Cacilda Becker morreu. Ela era uma pessoa especial para toda a classe artística e uma amiga muito querida. No último ano da sua vida, quando ela já estava separada do Walmor Chagas e eu, do Apollo, estivemos muito próximas. A gente se encontrava muito também na casa da Ruth Escobar. Até comemoramos nosso aniversário juntas numa mesma festa, já que a Ruth é de 31 de março, eu, de 3 de abril, e a Cacilda era de 6 de abril. Foi uma perda muito sofrida, mas Deus sabe o que faz.

A novela fazia tanto sucesso que percorremos vários lugares do Brasil. Em alguns locais, ela passava com atraso, pois não era uma transmissão simultânea para todos os canais. Uma vez fui a Belo Horizonte com outros atores da novela para uma apresentação num teatro. O Geraldo Vietri improvisou cenas da novela para a platéia. Meu personagem usava um aplique de cabelo. Na saída, apesar do cordão de isolamento, uma mulher me arrancou esse aplique tentando me tocar. Depois, ela devolveu.

Lembrei de outro fato engraçado na Tupi. Havia um programa chamado *Cidade Contra Cidade*, dentro do Programa Sílvio Santos. E alguns atores, atrizes e cantores eram convidados para fazer números ou tarefas para ajudar uma cidade. Fui convidada para participar de um número de circo. A Gilmara Sanches também participou. A produção nos levou para um circo da periferia de São Paulo, que era bem *chumbrega*, e nos informou que faríamos um número de trapézio. Era para a gente balançar no trapézio de um

O aplique nos cabelos arrancado em Belo Horizonte

lado para o outro, não haveria salto. Fiquei meio ressabiada, mas quando veio a roupa e me vi dentro dela, me senti a pura trapezista.

Tenho sempre essas fantasias, me senti o máximo. Subimos por um mastro com ganchos. Já na subida faltava um gancho e a gente fazia um esforço para levar a perna até o outro gancho. Quando cheguei lá em cima e olhei para baixo, vi que a perspectiva da trapezista embaixo era bem diferente da perspectiva de cima. Meu Deus, é muito alto! Os trapezistas do circo estavam presentes. A instrução de um deles foi a seguinte: quando ele me desse o trapézio, eu deveria dar o impulso com os pés e imediatamente jogar as pernas para a frente e aí balançar. Esse detalhe das pernas para a frente era muito importante. Para cair, eu deveria jogar as pernas para o alto e cair de nádegas para baixo. Teve um ensaio e eu fiz tudo direitinho. Confirmei minha vocação de trapezista. Pensei que seria brevemente contratada pelo circo.

Fomos fazer de novo para gravar. Já subi totalmente sem medo, me sentindo a revelação do trapézio. Só que, dessa vez, quando o trapézio foi mandado, o trapezista que estava comigo não me entregou o trapézio nas mãos como havia feito no ensaio, gritou *pega, pega...* Eu obedeci. O trapézio puxa a gente com muita violência, eu não consegui apanhá-lo direito, perdi a força nas mãos na metade do trecho e caí de qualquer jeito, sem técnica nenhuma.

Caí de frente com a metade do corpo de fora da rede. Poderia ter sido um grave desfecho. Graças a Deus, só tive um corte no nariz. Foi um corre-corre naquele circo e, quando chegou a proprietária, os trapezistas levaram uma bronca, porque eles tinham que ter colocado o cinturão de segurança em nós para realizar o número. Tudo foi gravado. Raiva veio quando a Aracy de Almeida, que era um dos jurados do programa, me deu nota zero porque eu tinha caído. O Sílvio Santos ainda me defendeu argumentando se ela não tinha visto que foi uma queda feia, que eu merecia uma nota melhor. Ela respondeu: *Quem não tem competência, não se estabelece.* Essa era a Aracy, excelente cantora e uma jurada folclórica.

Capítulo XXI

A Mãe em São Paulo

Durante o meu casamento com o Apollo, minha mãe tinha vindo umas duas vezes a São Paulo para nos visitar. A partir dessas visitas, a relação entre o Apollo e a minha mãe passou a não ser muito cordial. Ele achava que minha mãe era muito possessiva e que eu era uma filha extremamente dedicada a ela. Tudo coisa relacionada ao ciúme dele, com o desejo de eu ser exclusiva dele. Sempre fui mesmo uma filha muito dedicada. A minha mãe não teve uma vida fácil depois que meu pai morreu. Ela foi uma heroína. É uma mulher a quem eu devo muito, tanto que dedico esse livro a ela. Sem ela, provavelmente, eu não teria enveredado por este setor, por essa área do mundo artístico que complementa tanto a minha vida.

A minha mãe foi ficando com mais idade e eu passei a ficar muito preocupada, por ela estar sozinha em Porto Alegre. Era uma mulher independente, fazia as coisas dela, tinha suas amigas, mas a idade estava chegando. Então, achei melhor ela vir morar em São Paulo. Ela também chegou à mesma conclusão, mas não quis morar com a gente. Minha mãe também não queria mais montar um apartamento porque ela se sentia muito insegura. Procuramos em muitos lugares e encontramos uma casa de idosos, no bairro Freguesia do Ó, ligada à Igreja Luterana. Ela viveu ali por 11 anos e muito bem.

Era uma casa muito boa, as pessoas tinham certa independência, até de horário. Algumas vezes, depois que me separei, ela ficou na minha casa quando eu não estava trabalhando tão intensamente. Minha mãe sempre foi uma mulher interessada em cinema, teatro, concertos e eu buscava proporcionar isso a ela. Também foi me ver no teatro muitas vezes. Ficava muito envaidecida quando algumas pessoas me reconheciam na rua. Foi sempre um apoio na minha profissão. Ela nunca chantageou ou criou situações difíceis por causa de horários, datas comemorativas.

A vinda dela para São Paulo foi uma coisa muito boa para mim. Até nos momentos finais, quando teve problemas de saúde. De vez em quando, a gente se pegava em opiniões diferentes. Ela era tão generosa que, quando percebia que estava errada em alguma coisa, não hesitava em me pedir desculpas mesmo sendo uma mãe idosa. Foi um relacionamento muito bonito de mãe e filha, ela me ensinou muita disciplina, o alemão tem isso por natureza. Foi o alicerce para os valores que eu prezo de honestidade, justiça, compreensão.

Capítulo XXII

Televisão e Teatro

Nesse período, depois de *Nino, o Italianinho* comecei a fazer muito teatro e televisão simultaneamente. Depois foi televisão e cinema. Fiz no Teatro Popular do Sesi a peça *Senhora*, baseada no romance de José de Alencar, adaptada pelo Sérgio Viotti. Nesse espetáculo, trabalhavam o Sebastião Campos, a Arlete Montenegro, a Ruthinéa de Moraes, que era minha amiga, o marido dela, João José Pompeo, a Nize Silva. O Osmar Rodrigues Cruz dirigiu a peça. A Arlete saiu para fazer *Senhora* na televisão e a Nize assumiu o papel dela. Isso era de praxe no Teatro Popular do Sesi. A Nize Silva nunca começava com o papel de protagonista, mas era vagar esse papel e ela era escolhida. Ficamos em cartaz durante um ano.

Minha novela seguinte foi *A Fábrica*, do Geraldo Vietri. Os protagonistas eram de novo a Aracy Balabanian e o Juca de Oliveira. Era também um elenco grande. Tinha o Hélio Souto, o Flamínio Fávero, o Sérgio Galvão, que anos depois foi dirigir o programa da Xuxa na TV Manchete. Meu Deus, quantas pessoas cruzam o caminho da gente ao longo da vida!

Depois veio *Signo da Esperança*, novela do Marcos Rey, dirigida pelo Carlos Zara. Meu papel era de uma grã-fina meio louca. Uma das minhas filhas era interpretada pela Nádia Lippi.

No Teatro Popular do Sesi

A novela estava toda escalada e, de repente, apareceu uma nova filha interpretada por uma atriz que tinha quase a minha idade. O Marcos Rey colocou que meu personagem já havia feito algumas plásticas para justificar essa maternidade. Sei que numa entrevista para a revista *Intervalo*, o repórter me perguntou como eu poderia ser mãe dessa atriz. Eu respondi que as mães de hoje não usam mais coque e camafeu no pescoço, que são mais modernas e brincando eu disse que tinha talento para ser mãe do Procópio Ferreira. A atriz em questão não me entendeu, sentiu-se ofendida. Outras pessoas na emissora também tomaram as dores dela. Não levei isso muito a sério. Fiz meu papel com dignidade e me divertia muito com as situações que o Marcos criava. A novela era bonitinha, dirigida pelo Zara e gostei de ser dirigida por ele. Não me importei com essas pessoas ofendidas. Para mim, correu tudo bem.

No Teatro Popular do Sesi, fiz, em 1972, *Um Grito de Liberdade*, peça do Sérgio Viotti sobre a independência do Brasil, porque se comemorava naquele ano o 150º aniversário da independência. O papel de Dom Pedro era do Antonio Fagundes, a Nize Silva fazia o papel da Marquesa de Santos, eu era Goytacazes. Ainda estavam no elenco Ruthinéa de Moraes, Tony Ramos, Elias Gleizer, Marcelo Picchi, João José Pompeo. Ao mesmo tempo, eu fazia a novela *Vitória Bonelli*. Na temporada da peça, aconteceu uma briga entre o Fagundes e o Pompeo. E o Osmar Cruz resolveu tirar a peça de cartaz. Ela estava fazendo sucesso e foi traumatizante para o elenco a maneira como o Osmar fez isso.

Apresentávamos a peça de terça a domingo. Cada ator tinha seu camarim com seus apetrechos pessoais. Quando chegamos na terça, o cenário estava desmontado, nossas coisas amontoadas. No meu camarim, as minhas coisas estavam socadas num canto com o figurino todo recolhido. A secretária do Osmar, Elisabeth Ribeiro, era quem estava lá para nos avisar do término da peça. A Elisabeth é uma pessoa muito legal, que tenho prazer de encontrar até hoje. Ficamos todos chocados. Na época, falei: *Quem deveria estar aqui para dar essa notícia era o Osmar, que foi quem nos contratou.* O Elias Gleizer ainda falou: *Fica quieta, Beth, a gente ainda está contratado por um tempo.* Eu respondi: *O contrato não é o mais importante. Aliás, sim, é importante. Mas fundamental para o ator é representar. A gente vem para o teatro nessa expectativa e nesse clima. E, hoje, quando chegamos aqui, encontramos esse teatro vazio. É muito ruim! Estou transtornada mesmo com essa história.* Lógico que o Osmar ficou sabendo do que falei e nunca mais me chamou para uma produção do Teatro Popular do Sesi.

Foi uma passagem muito triste. A sensação que tive foi de chegar em casa e não ter mais mobília lá dentro. Não se deve proceder assim. Ora, se houve uma briga entre atores, porque há momentos em que somos mais levados pela emoção, eles também se reconciliam, raciocinam sobre suas ações. Foi lamentável, desconfortável como o Osmar agiu, mas todo mundo seguiu seu caminho. O Fagundes estava começando sua carreira, foi um dos envolvidos na briga e olha onde ele foi parar: é hoje um dos nossos grandes atores com todas as glórias e aplausos que ele merece.

Continuei na novela *Vitória Bonelli,* que fez bastante sucesso. Apesar de a TV Globo ter suas novelas também, a TV Tupi era quem detinha ainda a audiência maior na época. Fazia outro papel de grã-fina. Na televisão, sempre fiz papéis de ricas ou de alemãs, ultimamente, freiras também. Já no cinema, predominaram os papéis de freiras, ricas ou cafetinas. Nessa novela, o que de melhor aconteceu foi tornar-me muito amiga do Geraldo Vietri, e assim fomos até o fim da vida dele. Freqüentamos muito a casa um do outro. Conheci sua família. Passamos a ser amigos mesmo.

Ele tinha, às vezes, um temperamento difícil e algumas pessoas tinham medo dele. Vi ele fazendo coisas não muito corretas – gritar e esbravejar com atores, as mulheres choravam, os homens ficavam chateados. Comigo, ele nunca foi grosseiro. Ele passou a escrever um papel especificamente para mim nas suas novelas. Ate saíram comentários de que eu era a grande protegida do Vietri. Não era uma questão de proteção, era uma questão de afinidade. Ele confiava no meu trabalho.

Se eu fosse tão protegida assim, eu teria sido protagonista das novelas dele, mas nunca fui. Sempre tive papéis importantes e muito bonitos. O Vietri era o autor e diretor das suas novelas na TV Tupi. Quando ele tinha os achaques dele com os gritos, murros e chutes nos móveis, se cruzasse o olho comigo ficava constrangido. Depois das gravações, quando nos encontrávamos para um cafezinho, ele vinha todo manso para o meu lado e eu dizia o que não estava certo. Também ficava de mal com ele, mesmo que não tivesse sido comigo. Ele ficava me cercando e eu dizia: *Você acha bonito Fulana ter chorado por sua causa?*, e a gente tinha conversas sinceras.

Minha peça seguinte foi *O Peru e a Pomba*, do Renato Restier, produzida pelo Marcos Lázaro, no Teatro das Nações, na Avenida São João. A direção foi do Emílio Di Biase e no elenco estavam a Gilmara Sanches, o Chico Martins e o Olney Cazarré. Éramos só nós quatro. Quando encontro hoje com o Emílio ele diz: *Beth, todo mundo tem uma passagem nebulosa na vida, a nossa foi a peça O Peru e a Pomba*. A peça foi um desastre, não ia ninguém naquele teatro. Brincávamos que a peça deveria chamar *O Peru e a Bomba*. Depois da estréia, já no segundo dia, o público foi diminuindo, diminuindo, até não ir praticamente ninguém. Aí, o Marcos Lázaro tirou a peça de cartaz.

Na peça O Peru e a Pomba

Com Odair Toledo e Etty Fraser em Meu Rico Português

Capítulo XXIII

Outras Novelas e Trabalhos na TV Tupi

O Geraldo Vietri sempre me buscava no Teatro das Nações, depois da peça, para irmos jantar. Ele estava preparando a novela *Meu Rico Português*. A camareira do teatro me contou a história do seu irmão e da sua cunhada que não tinham filhos e por isso criavam um monte de gatos. Numa noite, ambos estavam passeando e escutaram um miado de gato num latão de lixo. Quando se aproximaram para pegar o gatinho, viram que era uma criança abandonada. Eles passaram a criar essa criança. Contei a história ao Vietri.

Ele ficou tão impressionado que colocou na novela o Cláudio Corrêa e Castro e a mim como um casal de alemães, sem filhos, que, passeando na noite, encontra uma criança no latão de lixo. Na novela, era uma criança negra. O casal alemão tinha verdadeira loucura e amor por aquela criança. Havia cenas de preconceito racial na novela. Lembro de uma cena em que os personagens da Marisa Sanches e do Chico Martins xingavam o menino de *negrinho safado* e eu dava uns safanões nos dois. Era uma novela muito bonita e a história do meu personagem era comovente. O rico português era o Jonas Melo e a mocinha era a Márcia Maria. O elenco era bem grande novamente. Meu bordão quando eu brigava com o marido era: *Vou ligar para a minha tia Frida de Blumenau*. Mais tarde, essa tia Frida apareceu na novela. O papel foi da Etty Fraser. O Vietri escrevia com muita propriedade situações engraçadíssimas. Essa tia Frida acordava às seis da manhã para fazer ginástica. Então a família toda tinha que fazer ginástica também. O público adorava. O Vietri foi muito especial como autor de novelas. A novela ainda fez sucesso, mas a Tupi começava o seu declínio.

Fui escalada para o lançamento da novela *Meu Rico Português* em Recife. Nunca tinha ido lá, mas sabia que era quente. Viajei com um vestido de linho, todo abotoado na frente. Quando chegamos no aeroporto de Recife, eu vi que tinha uma multidão no saguão, mas como as pessoas em São Paulo iam ao aeroporto ver avião sair e chegar, pensei que era isso também. Nunca pensei que aquelas pessoas estavam ali para esperar nosso grupo. Eu fui uma das primeiras a sair para o saguão. Vi-me envolvida por aquela multidão e, quando dei por mim, meu vestido estava todo desabotoado. Estava no meio do saguão do aeroporto de Recife seminua. Eu estava segurando uma frasqueira e tentava ao mesmo tempo fechar meu vestido. Foi horrível. Sorte que chegaram umas policiais femininas que fizeram um cerco e consegui me safar da minha seminudez.

Mas antes do *Meu Rico Português*, que foi em 1975, eu fiz uma participação em *Divinas e Maravilhosas*, do Vicente Sesso, no ano de 1973, e, em 1974, atuei na novela *A Barba Azul*, da Ivani

Com Odair Toledo, Etty Fraser e Cláudio Corrêa e Castro em Meu Rico Português

OLEÇÃO

miga
TUDO

ELISABETE HARTMANN
NÁDIA LIPPI
EDNEI GIOVENAZZI
A BARBA AZUL

Ribeiro, com direção do Henrique Martins e depois do Carlos Zara.

Uma comédia romântica que fez muito sucesso. A protagonista era a Eva Wilma, o galã era o Carlos Zara. Eu fazia a Teresa, vulgo Tetê, casada com o Gustavo, vulgo Gugu, personagem do Luiz Carlos de Moraes, e mãe da Babi, personagem da Nádia Lippi. Minha mãe era a dona Sinhá, interpretada pela Leonor Navarro. Era um casal atípico, porque a Tetê era bem despirocada. Fui muito feliz nessa novela também. Lembro que, várias vezes, a Ivani Ribeiro escreveu na margem dos capítulos observações lisonjeiras sobre a minha atuação. Foi muito gratificante. Como a Eva Wilma e eu já tínhamos feito o filme *A Ilha* e a peça *Boeing, Boeing*, na novela ficamos mais próximas ainda e nos tornamos muito amigas, o que somos até hoje.

O único senão dessa época é que se agravou a doença da minha mãe. De uma queda com fratura da perna, ela desenvolveu esclerose. Foram seis anos com ela assim. Mas posso testemunhar que nunca fiquei desamparada nesses seis anos, não só por Deus, como pelos amigos. Não fiquei sem trabalho um só momento nesse período, porque a despesa era grande. Trabalhei muito e pude dar todo conforto que uma doente necessita. Foi hospitalizada várias vezes.

Gravamos o início da novela *A Barba Azul* no Guarujá, porque havia um naufrágio e uma parte dos

Na novela A Barba Azul, *com Eva Wilma, Luís Carlos de Moraes e Analu Gracie*

personagens ficava perdida numa ilha. Isso aproximou muito o elenco, porque ficamos no mesmo hotel e comíamos no mesmo restaurante.

O Carlos Zara era uma pessoa muito enérgica e exigente no trabalho, sabia liderar toda a equipe, mas terminadas as gravações era amigo, divertido, bom de conversar, um doce de pessoa. Ele foi uma pessoa muito importante na minha vida, porque depois de *A Barba Azul*, engatei *Meu Rico Português*. Eu fiquei desgostosa com a proposta de salário e ele me chamou na sua sala e resolveu o problema da contra-oferta. Ainda levantou meu moral, porque minha mãe já estava bem doente e ele disse assim: *Você entra na emissora sempre de cabeça baixa como um cachorrinho com o rabo entre as pernas. Só porque sua mãe está doente? Não faça isso, você é uma boa atriz, se posicione como tal, erga a cabeça.* Foi uma força e tanto. Outra pessoa que na ocasião também me deu uma força grande foi o Plínio Marcos. Ele me disse um dia: *Tem um boato na emissora de que a Elisabeth Hartmann não pode parar de trabalhar porque a mãe dela está doente. Eu respondi que ela não pode parar de trabalhar porque ela é uma atriz e não porque a mãe dela está doente.* Isso me fez muito bem e me ajudou a ter mais confiança no meu trabalho.

No dia de uma gravação no barco, veio uma tempestade e estávamos no meio do mar. Foi uma situação complicada. No elenco havia várias crianças que estavam no barco e também as suas mães que as acompanhavam nas gravações. As crianças choravam, algumas passaram mal, as mães passaram mal e se desesperaram, outros atores enjoaram também. Acho que os únicos que não passaram mal foram o Zara, a Vivinha e eu, que demos assistência aos outros no meio daquela tempestade.

Um dado curioso foi o ciúme do Geraldo Vietri. Ele queria que seus amigos fizessem só as suas novelas. Ele me encontrava no restaurante da Tupi e dizia: *Você agora parece que está se sentindo muito importante porque está fazendo uma novela da Ivani Ribeiro.* Como eu não tinha papas na língua, respondia: *Estou mesmo. E muito contente. Não posso passar a vida inteira fazendo só as suas novelas.* Ele ficava louco da vida. Mas, apesar dos pesares, a gente se entendia. Tanto que em seguida fiz *Meu Rico Português,* novela que já mencionei.

Após a novela fiz uma série chamada *Senhoras e Senhores.* Foi idealizada pelo Walter Foster, escrita pelo Carlos Alberto de Nóbrega e dirigida pelo Antonino Seabra. Era uma comédia que discutia as relações conjugais com um casal certo e um casal errado. Eu fazia o casal certo com o John Herbert. O Felipe Carone e a Jussara Freire faziam o casal errado. Depois, o John Herbert também assumiu a direção do programa. Um dos meus filhos era interpretado pelo Matheus Carrieri, uma criança na época.

Minha próxima novela foi *Cinderela 77*, do Walter Negrão e Chico de Assis, versão moderna do clássico infantil. A Cinderela era feita pela Vanusa e o príncipe pelo Ronnie Von.

A direção era do Antônio Moura Matos. O meu papel era ótimo, o da madrasta. Ela perseguia o pombo da Cinderela o tempo todo e queria que suas filhas se casassem com o príncipe. As filhas eram interpretadas pela Kate Hansen e a Leda Senise. Meu pretendente era interpretado pelo Mário Benvenutti, que era um plantador de abóboras, pai do príncipe. A concepção era muito divertida.

A novela terminou no dia 15 de agosto com uma grande festa. No dia 4 de setembro minha mãe faleceu. Eu fiquei bem mal. Apesar da doença que se prolongou por seis anos, quando a morte chegou, bem, foi muito doloroso. Entre meus amigos mais chegados nesse período estavam o Edney Giovenazzi, o Marcos Caruso, a Jussara Freire, a Etty Fraser, o Geraldo Vietri. Foram amigos que me ajudaram a passar por esse período doloroso. Ter amigos em horas difíceis é muito confortador.

Minha novela seguinte na TV Tupi foi do Vietri, *O Bom Baiano*, em 1978. Eu fazia uma solteirona que morava na pensão da dona Pina, personagem da Nair Bello. Vários personagens moravam nessa pensão, entre eles o do Marcos Plonka, por quem meu personagem se apaixonava. Foi minha última novela na Tupi. Até hoje colho

Na série Senhoras e Senhores, *com Matheus Carrieri (abaixo)*

Em cenas de Cinderella 77, *com Vanusa*

Com Marcos Plonka, em O Bom Baiano

frutos desses trabalhos que me aproximaram do público. Quando vou para o interior por causa de júri de festival de teatro ou outro motivo, as pessoas se lembram desses tempos da TV Tupi.

Meu último trabalho na Tupi foi uma série chamada *A Casa Fantástica*. Escrita pelo Walter Negrão e dirigida pelo Atílio Riccó, a série tratava de uma família do século 19 que vinha no túnel do tempo para os dias atuais, naquela época 1979. Minha filha era a Monique Lafond. O filho quem fazia era o Edson Celulari em começo de carreira, já bonito do jeito que é e com talento promissor. Faziam parte ainda do elenco a Nair Bello, a Henriqueta Brieba, o Elias Gleizer. Lembro de passagens da gente com roupa de época atravessando a Avenida Paulista e o povo todo parado vendo aquilo. Uma coisa muito louca. Durou pouco tempo, porque o Walter Avancini assumiu a direção artística da Tupi e tirou o seriado do ar. Também venceu nessa época meu contrato com a empresa.

Interessante é que depois de receber meu último salário desse contrato, enquanto esperava o táxi, olhei para o prédio da Tupi e pensei: *Nunca mais vou trabalhar aqui*. Ela ainda não tinha falido, mas essa sensação veio muito forte e fiquei olhando por bom tempo para o prédio num sentimento de despedida. Passaram vários táxis e eu não peguei, estava meio em transe. Era uma intuição forte a que estava vivendo, uma premonição mesmo. Alguns meses depois, em fevereiro de 1980, a TV Tupi faliu.

Capítulo XXIV

Um Outro Amor

Quando meu casamento terminou, fiquei durante muito tempo magoada, ressentida, curtindo mesmo o fim de uma história de amor. Mas não há dor que sempre dure. Aos poucos, me refiz disso tudo. Porém, fiquei solteira por um bom tempo. Quando estávamos fazendo novela, éramos convidados para eventos, festas, carnavais. Recebi um convite para passar o carnaval em Poços de Caldas. Fui com um grupo de outros atores para essa cidade turística mineira. Nesse carnaval, eu conheci um rapaz e a gente começou a namorar. Tivemos um relacionamento muito sério por mais de dois anos.

Não chegamos a morar juntos, mas era um relacionamento em que se falou de casamento, filhos. Ele era solteiro, um pouco mais novo, e queria muito casar comigo. O problema é que eu comecei a não abrir mão de nada que dissesse respeito à minha profissão, porque eu já tinha feito isso no casamento com o Apollo e não deu certo. Eu pensava assim: *Na minha profissão, se eu tiver que fazer uma viagem, se tiver que ir a um lançamento, eu não vou deixar de fazer por causa de uma outra pessoa.* Como meu namorado nem sempre podia me acompanhar, claro, começaram os problemas.

Também achei que não era o momento para ter um filho, porque, durante esse relacionamento, a minha mãe ficou doente. Embora ela não morasse comigo, eu tinha que dar atenção e assistência. Estava permanentemente com ela quando não gravava ou estava no teatro. O período da doença implicou também em muitas hospitalizações. A gente começou a se distanciar e a se desentender. Era tudo desencontrado nas nossas vidas: os nossos interesses, os nossos horários, tudo. Enquanto a gente não se conflitou, foi um relacionamento muito bonito, muito bom. Talvez eu não tivesse tão preparada para uma proposta de um novo casamento.

Hoje eu lamento, porque sou uma mulher que não tem filhos, portanto, não tem netos. Deveria ter pensado mais a esse respeito naquela época, ou seja, quando era uma mulher ainda jovem. Depois desse segundo relacionamento, que foi muito importante e sério, nunca mais aconteceu nada de relevante na minha vida amorosa. Por fim, eu me conformei em ser uma mulher solitária nesse aspecto, porque para mim um amor só vale a pena quando ele é amor mesmo. Como não aconteceu nenhum outro relacionamento sério, preferi ficar sozinha. Nunca subi pelas paredes por falta de namorado. Minha vida é assim: sozinha, sem filhos, sem família. Fiz de alguns amigos meus familiares.

Capítulo XXV

Filmes na Boca

Além dos muitos filmes do Mazzaropi, comecei a trabalhar com os diretores da chamada Boca do Lixo. Na Boca, emendava-se um trabalho no outro, fazia-se dois filmes ao mesmo tempo e as produções eram baratas. No filme *Palácio de Vênus*, do Odyr Fraga, por exemplo, a gente filmava na Granja Viana, numa casa alugada pela produção. Participavam também do filme a Matilde Mastrangi, a Arlete Montenegro, a Zélia Diniz, a queridíssima Lola Brah. Eu fazia a dona do prostíbulo e as outras, as meninas que lá trabalhavam. A casa era muito pequena e como o filme pedia muitos quartos, mudavam-se os móveis para parecer que era uma casa grande. Ora entrávamos por uma porta, ora por outra... e assim a casa passou a impressão de ser um palácio.

Na época da novela *O Bom Baiano*, fui fazer *A Noite das Fêmeas*. Era um filme do Fauzi Mansur que se passava dentro de um teatro. A produção conseguiu o Teatro Municipal de Santo André. Só podíamos filmar depois das apresentações, portanto, só iniciávamos por volta da uma da manhã. As filmagens muitas vezes foram até seis da manhã e eu tinha que estar nos estúdios da novela às oito horas. Foi uma situação difícil, onde muitas vezes emendava a noite com o dia. Cheguei a quase desmaiar numa gravação da novela, fiquei tonta e o Vietri percebeu a tempo.

Com o fim do meu contrato na Tupi, passei a filmar muito. Eu emendava um filme no outro. Fiz algumas pornochanchadas também. Ia muito à Boca do Lixo, que tinha esse nome porque à noite as ruas eram antro de prostituição e de bandidos. Durante o dia, na década de 70, funcionavam os vários escritórios de produção de cinema, verdadeiro pólo cinematográfico. E todo mundo se encontrava no café da Rua do Triunfo.

Havia um produtor de cinema chamado Galante que era muito econômico, exageradamente econômico. Numa filmagem em Itu, a cena acontecia no meio de um bananal. Deu uma ventania muito forte. Nosso almoço eram sanduíches. Quando fomos comer, eles estavam cobertos de areia. Imagina, a gente sentado no meio daquele bananal, um calor insuportável e comendo aquele sanduíche cheio de areia. Uma vez, voltando das filmagens, ele foi para o escritório dele na Boca do Lixo, às 3 horas da manhã e me deixou lá para pegar um táxi. Lá fiquei eu na esquina com mais três prostitutas esperando um táxi. Faz parte do folclore.

Em *Os Garotos Virgens de Ipanema*, eu fazia a mãe dos rapazes. Os rapazes faziam várias traquinagens. Uma cena mais forte acontecia com dois rapazes entrando num galinheiro e só se viam penas voando. Ele foi proibido em todo território nacional pela censura. O produtor ficou muito aborrecido ao escutar de um dos censores em Brasília: *Eu não posso liberar esse filme, porque a Elisabeth Hartmann que faz tanto papel bonito na televisão participa de um filme desses!* O produtor ficou com raiva de mim como se eu tivesse culpa. Bem mais tarde o filme foi liberado.

Dos filmes com apelos populares e ingênuos, vieram os filmes mais ousados. Depois, viria o declínio com filmes de sexo explícito. O penúltimo filme que fiz foi *Fuga na Selva*, do Osvaldo de Oliveira, que era grande iluminador de cinema e um diretor correto. O filme *Fuga na Selva* tinha uma história meio escabrosa. Eu contracenava com o Maurício do Valle. A Lígia de Paula, atual presidente do Sindicato dos Atores de São Paulo, também participava. Tinha umas cenas ousadas: tirar a roupa, simulação de sexo. O filme quando foi lançado veio com o título *Curral de Mulheres*. Um título mais do que suspeito.

No Cine Ipiranga, na avenida de mesmo nome, estava o meu nome bem destacado com o do Maurício do Valle. Eu não tive coragem de entrar. Fui convidada para um aniversário do Walter Hugo Khouri, fui com o meu amigo Alfredo Sternheim. O Rubens Ewald Filho, crítico de cinema, estava lá também e logo me disse que tinha visto *Curral de Mulheres*. Eu já fiquei roxa. Ele me disse: *Beth, eu não sei como você fez um filme desses. Eu penso que isso pode até prejudicar sua carreira.* Na hora ficou uma saia justa, foi o Alfredo quem respondeu para o Rubens e eu nem sei o que ele disse. Fomos embora indignados com o que ele falou. Fui ver o filme. Cheguei à conclusão que o Rubinho estava coberto de razão e que ele falou aquilo por consideração a mim, um gesto de carinho. O filme ficou pior na montagem do que era no roteiro. Eram umas mulheres que fugiam nuas pelo mato. Muito ruim. Até que a minha parte não era das piores. Tinha só a nudez da cintura para cima numa simulação de sexo.

Aconteceu um fato ruim nas filmagens. Era uma cena em que eu estava só de camisola na chuva e tinha uma discussão com o personagem do Maurício do Valle. Na hora, o diretor inventou um tapa no rosto e soube depois que o Osvaldo falou para o Maurício bater pra valer. O Maurício era um amor de pessoa, mas meio destemperado. Na filmagem, ele veio com tudo, rasgou minha camisola, o que me deixou muito aborrecida, porque a camisola era minha e muito bonita, e me deu um tapa no rosto que eu quase caí sentada. O resultado é que saí da filmagem, me tranquei no banheiro e não queria filmar mais nada. Depois de muita insistência da equipe, porque eu tinha que filmar mais uma cena, saí, mas a maquiadora teve de fazer compressa de água fria no meu rosto tal o inchaço e o Maurício do Valle ajoelhava-se aos meus pés pedindo perdão.

Fiz uma co-produção argentina que se chamava *Herança dos Devassos* com o Roberto Maya e a Sandra Bréa. O diretor argentino era tão enrolado e tão complicado, que o Alfredo Sternheim, na assistência de direção, assumiu a maioria das cenas e terminou o filme. Meu personagem tinha uma cena incestuosa com o irmão. E, no final de tudo, eu morria espetada acidentalmente num objeto da escrivaninha. O Roberto Maya, que era o meu irmão, se debruçava sobre mim e me beijava na boca. O diretor argentino gritava do lado de fora: *Muere, Elisabeth, muere*. E eu entendia: *Morde, Elisabeth, morde*. Pensava comigo, *como morder se ela está morrendo*. E fiquei parada, quieta. Quando terminou a filmagem da cena, perguntei ao Roberto: *Era para eu te morder?* O Roberto disse que tinha entendido isso também e cobrava porque eu não tinha mordido. Eu respondi que como poderia morder se eu estava morrendo. Quando perguntei para o Alfredo foi que ele esclareceu tudo.

É engraçado porque o espectador vê a cena, mas não sabe o que rolou ou aconteceu para ela ser feita. Até cena de sexo, de nudez, a gente sabe quanto truque tem, a equipe toda presente. A libido está na cabeça do espectador, de como ele vê. Até que esse filme *Herança dos Devassos* é bem bonito. Tenho saudades da Sandra Bréa. Ela era uma pessoa legal, boa de convivência, além de muito bonita. Tinha uma descompensação emocional, porque ela ficou hospedada num hotel e, quando se sentia sozinha, ligava à uma da manhã e ficava duas horas no telefone.

Meu último filme foi *Gatas no Cio*. Era um filme com três episódios. Fiz o primeiro episódio dirigido pelo Alfredo Sternheim sobre uma mulher de 80 anos que voltava no tempo e revisava suas lembranças. A maquiagem foi ótima, fiquei velha mesmo. Mas o dinheiro do produtor acabou e ele vendeu esse episódio para um outro produtor, que fez mais um ou dois episódios com sexo mais explícito. Não sei, porque não vi o filme pronto. Esse novo produtor mudou o título para *Sacanagem*. Vê se tem cabimento.

Fiz outros filmes que acabei não comentando. *A Força dos Sentidos*, do Jean Garret, é um filme que eu gosto. É forte, interessante, com uma iluminação tão linda feita pelo Carlos Reichenbach, que é um excelente iluminador, agora também diretor conceituado. Trabalhei em três filmes do Geraldo Vietri: *Os Herdeiros, Senhora, Os Imorais*. Do meu amigo Alfredo Sternheim, fiz também *A Mulher Desejada*, com Eduardo Tornaghi e Kate Hansen. Era a história de uma mãe obsessiva. Lembrei-me de *Os Rapazes da Difícil Vida Fácil*, do José Miziara. Mais uma vez eu era uma cafetina. Tinha uma cena de sexo entre o Ewerton de Castro e eu. A cena foi filmada através de uma treliça. O diretor foi muito gentil e correto, me chamou para ver o que ia aparecer da minha nudez. O Ewerton ficou tão nervoso que gastou um frasco de desodorante para que cheirasse bem. São pequenas coisas que demonstram o cuidado e o profissionalismo desses filmes da Boca, que acabaram ficando tachados meramente como pornochanchadas.

Já citei o filme *Férias no Sul*, que fiz pouco antes da separação do Apollo. Ele foi todo filmado em Santa Catarina. Direção de Reinaldo Paes de Barros. Filmamos em Blumenau, Camboriú, também no Rio Grande do Sul, em Caxias e Canela, e finalizamos no Rio de Janeiro, com a dublagem. Era um filme com o David Cardoso. Ele foi um ótimo companheiro de filmagens, um colega atencioso. O único problema foi que ele era muito mais vaidoso do que eu. Quando fomos filmar na praia, tinha vento, lógico. Meus cabelos eram longos e esvoaçavam mesmo. Já ele, gastava um tempo com o cabelo colocando grampo, laquê e não sei mais o quê. Mais tarde, o David falou numa entrevista que teve casos amorosos com todas as atrizes as quais contracenou. Citou nomes, incluindo o meu. Foi muito desconfortável e, na época, respondi por meio de outra entrevista desmentindo isso. Foi muito chato, porque nesse período das filmagens eu estava em processo de separação, mas ainda casada. Parecia traição. O David Cardoso tem essa mania de expor seus casos amorosos e até os que ele não teve. Isso é muito desagradável.

Sempre gostei muito de fazer cinema. Pode haver alguns filmes com situações embaraçosas ou de qualidade duvidosa, mas o amor pelo cinema falou mais forte e sempre foi um prazer filmar. Sempre fui muito bem tratada pela equipe técnica, muito respeitada. Nunca me senti desconfortável nas filmagens com nenhum dos diretores com quem trabalhei. Cinema é uma lembrança muito agradável.

Com Alfredo Sternheim, Marlene França e Carlos Arena (acima), e no filme Mulher Desejada *(ao lado)*

Com Flávio Galvão, no filme Senhora *(acima), e com Alfredo Sternheim (ao lado)*

Na novela Olhai os Lírios do Campo

Capítulo XXVI
Minha Carreira na Rede Globo

O Geraldo Vietri veio me contar que iria fazer uma novela na Rede Globo. Seria uma adaptação do livro *Olhai os Lírios do Campo*, de Érico Veríssimo. Eu estava filmando *Palácio de Vênus*. Ele me convidou para fazer a novela. Disse que meu personagem no livro era pequeno, mas que na adaptação seria importante. Respondi que não podia, porque as filmagens iriam se alongar e que, em seguida, eu havia me comprometido com um filme que seria dirigido pelo John Herbert.

Ele insistiu muito dizendo que já havia indicado meu nome, que era uma ótima oportunidade, uma vez que a Rede Globo estava com alto índice de audiência. Pediu que eu fosse ao Rio de Janeiro conversar com a produção da Globo. Mas eu não via jeito, filmava todo dia. Por causa da minha amizade com o Vietri, a Etty Fraser me telefonou pedindo que eu interferisse para conseguir um papel para o Chico Martins, também o marido da Nair Bello, Irineu, fez o mesmo pedido. O Vietri tinha aberto uma cantina no Sumaré e eu fui lá para fazer esses pedidos. Quando falei, ele respondeu que já ia colocar os dois na novela, mas que queria saber de mim. Eu não queria ir para o Rio de Janeiro naquela época. O cinema estava num período ótimo, pagava bem e em dia. Em duas semanas de filmagens, eu ganhava o salário de um mês da Tupi e em condições melhores de trabalho.

Mas o Vietri insistiu. Na saída do restaurante, ele pediu o telefone da casa da Granja Viana, onde estávamos filmando, para saber minha resposta. No dia seguinte, me telefonou uma figurinista da TV Globo perguntando minhas medidas. Levei um susto e não dei as medidas dizendo que não sabia se ia fazer a novela. Em seguida, me liga o Geraldo Vietri dizendo que era para eu ir ao Rio de Janeiro no dia seguinte, porque ele havia dito que eu ia fazer a novela. Quando falei com o Ody Fraga, ele me incentivou a fazer a novela e que as filmagens iam durar só mais duas semanas. Falei do filme do John Herbert e ele me aconselhou a ir ver a proposta da Globo e depois resolver. Fui, conversei com o Herval Rossano e aceitei, pois a proposta era muito boa.

Iniciei as gravações da novela ainda filmando. Foi um início corrido de idas e vindas do Rio para São Paulo. Naquela época, em 1981, a Globo não pagava a estadia dos atores de São Paulo, mas o salário foi muito bom, tanto que aluguei um apartamento para mim no período da novela, que eu dividi com a Nair Bello. Nossa fiadora era a Cidinha Campos, radialista na época e hoje, deputada estadual do Rio de Janeiro. Foi uma novela muito gostosa de fazer. A Nívea Maria fazia a protagonista e morava na casa do meu personagem. Ficamos muito amigas. A Nívea é uma pessoa encantadora. Ela é doce, divertida,

Com Nívea Maria, na novela Olhai os Lírios do Campo

excelente colega. O Herval Rossano, que era marido da Nívea, era o diretor. Muito competente e talentoso.

No elenco ainda estavam o Cláudio Marzo, o João Paulo Adour, que abandonou a carreira mais tarde, a Thais de Andrade e o Jardel Filho, que morreram tão precocemente, outra vez minha amiga Ruth de Souza e muita gente mais.

A novela correu bem até o Herval se desentender com o Geraldo Vietri, porque ele, como diretor, se dava o direito de mudar as cenas de lugar, cortar certas coisas e isso o Vietri não admitia. Até porque o Vietri sempre dirigiu a sua própria obra. Os dois se incompatibilizaram e a novela, que estava fazendo grande sucesso e deveria ser esticada, foi encurtada. O conflito foi grande, não teve como continuar. Mas, para mim, foi um bom período. Eu gostei do Rio, a Nair era ótima companheira de moradia e a empresa excelente. Eu vinha de um esquema da Tupi falida, onde a gente levava até nossa própria roupa para gravar. Foi muito bom. A TV Globo dá todo conforto ao ator. Sua obrigação é desenvolver bem seu ofício, o resto a produção cuida com o maior esmero. Sem falar que o dinheiro estava no lugar certo, na hora certa. Isso também é o esquema do SBT, não posso me queixar deles também.

Voltei para São Paulo e pelo trabalho na Globo apareceram muitos convites de apresentar desfiles de moda, ser jurada em concursos de misses, até festival de música eu apresentei. Logo depois, fui chamada para fazer mais uma novela na Globo: *As Três Marias*, do Wilson Aguiar Filho, baseada no romance da Rachel de Queirós.

Mais uma vez fui mãe da Nádia Lippi. Uma atriz muito querida, talentosa e muito bonita. Depois, nunca mais a vi. Meu marido era o Mauro Mendonça. Ainda estavam no elenco Glória Pires, Maetê Proença, Edwin Luisi, meu amigo Ednei Giovenazzi, Kadu Moliterno, Cláudio Corrêa e Castro, Marco Nanini, entre outros.

Nessa novela aconteceu meu desentendimento com o Herval Rossano do qual eu me arrependo até hoje, porque aconteceu com a pessoa errada, na hora errada, no lugar errado. Eu que sou uma atriz que respeita muito seus diretores, acabei desrespeitando-o estupidamente. O Herval Rossano era uma pessoa de temperamento forte, não era fácil de lidar, mas, ao mesmo tempo, muito generosa. Quando fui trabalhar no Rio e me senti meio sozinha, a Nívea e o Herval me deram acolhida até na casa deles.

Começamos o trabalho muito bem, mas, de repente, o Herval começou a ficar impaciente comigo, sempre me advertindo, irritado. Muitas vezes pelo alto-falante do estúdio, ou seja, todos ouviam. Eu não entendia o porquê, não era novata na televisão, tinha bastante experiência. Muitos erros que ele corrigia de marcação, posição para a câmera, não eram culpa minha.

Na novela As Três Marias

O diretor determinava para qual câmera se posicionar e alguém'se colocava na frente. Ora, o Herval via isso e não chamava a atenção dessa pessoa, mas sempre de mim. Se eu fazia tudo certo no ensaio, porque me enganaria na hora da gravação. Comecei a ficar insegura.

Meu erro foi não ter procurado o Herval antes e ter conversado com ele. Fui agüentando aquelas críticas, aquelas admoestações e, um belo dia, quando ele aprontou uma gritaria comigo, eu surtei. Comecei a gritar também e gritei muito. Perdi o controle totalmente. Eu só sei que comecei falando que ele estava pegando no meu pé o tempo inteiro, que assim estava difícil de trabalhar. Isso em dez tons acima. Depois, não sei mais o que eu disse. Quando terminei a minha gritaria, estava um silêncio sepulcral no estúdio. Todo mundo assustado. Aí, eu caí na real do que eu tinha feito. Logo, fui avisada para passar na sala do Herval após a gravação. Pensei comigo que estava despedida.

Depois me acalmei. Indo para a sala dele, encontrei com o Wolf Maia, assistente de direção na novela, que me disse: *Elisabeth, vai lá e pede desculpas. Ninguém entendeu nada direito. Ele gosta de você, mas você gritou com ele na frente de todo mundo.* O Wolf, que era sempre tão gentil, ainda me deu outros conselhos. Também veio o Cláudio Corrêa e Castro e falou a mesma coisa pra mim. A equipe da novela já estava sabendo do ocorrido.

Na sala dele, o Herval me passou a maior bronca. Estava muito zangado comigo, que eu o tinha desrespeitado e falou mais um tanto. Ouvi tudo e depois pedi muitas desculpas. Contudo, também aproveitei para esclarecer o que estava acontecendo. Não citei o nome de ninguém, porque achava que seria deselegante falar que o fulano tinha colocado o pé para eu tropeçar e outras coisas. Falei que por isso estava insegura. Lógico, comecei a chorar no meio da fala. Ele me deu toda razão, disse que percebia o que estava acontecendo. Isso é o que não entendo até hoje. Por que ele chamava só a minha atenção e não a do ator também? Ele disse que me perdoava, mas que eu tinha criado uma situação difícil para ele como diretor. Eu o tranqüilizei dizendo que ia pedir desculpas em público na gravação do dia seguinte.

E assim o fiz. Esperei um momento em que o estúdio estava bem cheio e pedi desculpas reafirmando minha admiração e respeito por ele como diretor e pessoa humana. Assim, as gravações continuaram e eu pensei que estava tudo resolvido. Nunca mais fiz novela na Rede Globo. Fiz alguns episódios de um *Caso Verdade*, que eram gravados aqui em São Paulo pelo Walter Avancini, uma pequena participação na novela *Vida Nova*, em 1988, e depois, só em 1998, fui chamada para a minissérie *Dona Flor e seus Dois Maridos*. Foi dirigida pelo Mauro Mendonça Filho, que é uma doçura de diretor, trata os atores com muita educação.

Na novela Vida Nova

Na novela Vida Nova, *com José Lewgoy e Miriam Mehler*

Na minissérie Dona Flor, *com Luis de Lima, Serafim Gonzalez e Cláudia Liz*

Na minissérie, encontrei com uma camareira que eu reconheci do tempo de *As Três Marias*. Pois ela me disse: *E aquelas brigas da senhora com o Herval, hein?!*. Não foi uma briga, foi um surto e a camareira não estava no estúdio naquela hora. Quer dizer que a emissora inteira ficou sabendo do fato. E eu devo ter sido rotulada de pessoa temperamental, que não respeita o diretor. Porque ninguém mais me convidou para fazer uma novela na emissora. Até quando me chamaram para fazer a minissérie, eu achei que eles tinham se enganado. Continuei minha carreira em outras emissoras, no teatro, mas houve esse fato infeliz.

Conclui que o Herval era uma pessoa rancorosa quando fui escalada para uma novela no SBT em 2004, *Cristal*. Cheguei a acertar tudo, só não assinei contrato porque o personagem entraria no capítulo 60. Nesse ínterim, o Herval Rossano assumiu a direção artística da casa. Ele me cortou da novela. Eu tinha a esperança que a gente fosse se reconciliar nesse trabalho. Mas não aconteceu, e depois ele faleceu. Senti muito, porque era alguém que eu admirava e que, por um momento de deslize, não trabalhamos mais juntos, perdemos o contato. Ele não me perdoou e eu me senti tão injustiçada.

Capítulo XXVII

A Vida Continua...

Depois da Globo, fiz *Floradas na Serra*, minissérie do Geraldo Vietri adaptada do romance da Dinah Silveira de Queiroz. A Cacilda Becker fez um filme com adaptação desse romance. A novela era uma produção da TV Cultura com direção do Atílio Riccó que trabalhava na TV Bandeirantes na época. Como ele estava de férias, aceitou dirigir essa novela em 30 dias. Gravamos durante o mês de junho inteiro em Campos do Jordão. Era um frio! Subíamos segunda-feira e voltávamos sexta-feira.

O Vietri gostava de colocar falas longas para os personagens, quase um monólogo. Numa cena, eu tinha uma dessas falas. Meu personagem era uma mulher tuberculosa em temporada de cura em Campos do Jordão com os dois filhos e a empregada. Nessa cena, o marido, interpretado pelo Edson França, queria tirar os filhos dela. Eu tinha uma discussão com ele. O Atílio Riccó resolveu gravar essa cena quase à meia-noite, um frio! Pois, o Edson França e eu gravamos na porta da casa com neblina e tudo. Quando acabou a gravação da cena, eu não conseguia sair do lugar, parecia que eu tinha congelado ali. Meus pés gelaram de uma tal maneira que a camareira precisou me fazer uma massagem para eu sair dali.

Foi nesse período que eu fiz as pazes com o Vietri. A gente se desentendeu por causa de uma bobagem. No aniversário dele, eu levei uma samambaia enorme de presente, um trabalhão para transportar a dita cuja. Fiquei no restaurante esperando e ele nunca que chegava, pois tinha outro compromisso. Pois bem, deixei a samambaia e fui embora. Ele achou aquilo o máximo do desaforo. Junto veio o *disse que me disse* de outras pessoas e a gente se distanciou. Ficamos sem nos falar por quase dois anos. Quando nos reencontramos na TV Cultura, fizemos as pazes. Marcos Caruso estava nessa novela e, para mim, foi uma alegria pois já éramos bem amigos. Minha amizade com o Caruso começou em 1975, quando eu gravava com a Jussara Freire a novela *A Barba Azul*. Eles namoravam na época. Depois que eles se casaram continuamos amigos.

O Marcos Caruso escreveu muitas peças infantis no início da sua carreira. Ele me convidou para fazer uma dessas peças chamada *Noite Encantada*. Era por volta de 1975. Abrimos uma firma para a produção: o Caruso, a Jussara Freire e eu. Foi daí a origem da nossa grande amizade que já existe há mais de 30 anos.

O Caruso, além de autor, era o diretor da peça. Eu fazia a fada, a Jussara fazia a Branca de Neve. A história era o sonho de uma menina onde vários personagens de histórias infantis apareciam. Tinha o Peter Pan, o Fantasma, o Príncipe, a Emília. A Lúcia Lambertini faria Emília, uma vez que havia feito maravilhosamente bem na televisão, mas ela faleceu repentinamente quando ainda estávamos nos ensaios. Quem fez a Emília foi a Lisette Negreiros. Ficamos em cartaz no Teatro Anchieta por um bom tempo.

A Noite Encantada: *Carlos Arena, Jussara Freire, Hilton Have, Valéria Lauand e Elisabeth Hartmann*

Com os amigos Jussara Freire e Marcos Caruso

Depois de *Floradas na Serra* fiz uma novela no SBT que se chamava *A Força do Amor*. Era uma dessas novelas mexicanas adaptadas. O Sílvio tinha comprado os estúdios da Tupi na Vila Guilherme. Nesse ínterim, o Roberto Talma foi para a TV Bandeirantes como diretor artístico. Ele é um diretor muito competente, ativo e pretendeu, nessa época, dar uma renovada na emissora colocando no ar várias novelas. Entre elas, uma infanto-juvenil que era *O Braço de Ferro*, escrita pelo Marcos Caruso. Era uma tentativa da TV Bandeirantes reestruturar sua dramaturgia. Fui escalada para fazer essa novela.

Quem fazia o meu filho era o Selton Mello, um garoto ainda. O interessante é que ele chamava a atenção da equipe pelo esforço. A gente já previa nele uma bela carreira. Sua mãe biológica sempre o acompanhava nas gravações e levava o irmãozinho dele, o Danton, que chorava porque também queria gravar. Olha os dois aí hoje com enorme talento e sucesso. A gente gravou a novela durante algum tempo. Depois, a novela virou seriado semanal. Um belo dia, chegamos para gravar e falaram que era o último dia de gravação, o seriado acabou. Mais uma dessas situações desagradáveis que um ator pode passar.

No teatro, depois que eu voltei do Rio de Janeiro, fiz *Há Vagas para Moças de Fino Trato*, do Alcione Araújo. O diretor Jean Garret tinha feito vários filmes com a Aldine Müller. Ele achava que a Aldine se tornaria melhor atriz

ALDINE MÜLLER **ELIZABETH HARTMANN** **LIZA VIEIRA**

HÁ VAGAS PARA MOÇAS DE FINO TRATO

de ALCIONE ARAÚJO
direção: JEAN GARRETT e MÁRIO VAZ FILHO

Colaboração

se fizesse teatro. Então, resolveu montar essa peça. Além da Aldine, convidou a Liza Vieira e a mim para participar. O Jean também não tinha nenhuma experiência como diretor de teatro, só de cinema, e chamou o Mário Vaz para seu assistente. A gente viajou pelo interior. Foi uma loucura porque a Liza Vieira estava gravando uma novela no Rio de Janeiro. Ela vinha do Rio, descia no aeroporto e o Jean já a pegava para irmos para o interior, muitas vezes em cidades distantes. Sempre chegávamos em cima da hora. Algumas vezes, a gente chegou quando as pessoas já estavam pensando em cancelar o espetáculo. Estreamos em Santos com a presença do Alcione Araújo. Meu papel era enorme, de uma senhora que sublocava os quartos para duas moças. A Aldine era muito esforçada, mas ainda muito verde de palco. A Liza sempre foi uma atriz muito talentosa, porém ela e a Aldine começaram a se desentender.

Em Bauru, fomos representar numa quadra de basquete. Lá também juntaram umas mesas. Quando a gente saía de cena, tinha um espaço de um metro para contornar e entrar por outra porta. Numa dessas saídas de cena, a Liza deu um passo a mais, caiu e quebrou a perna. Ela fez o segundo ato sentada na cama porque não se agüentava em pé. Arrumaram uma outra atriz para fazer a substituição e viajamos ainda até Brasília, Goiânia e algumas cidades do Espírito Santo.

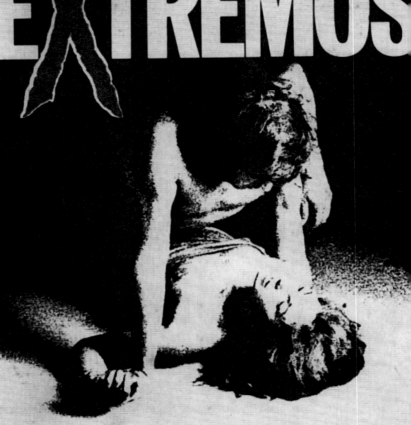

Capítulo XXVIII

Extremos

Após a novela *O Braço de Ferro*, fui chamada ao Rio de Janeiro para fazer uma peça com produção do Carlos Eduardo Dollabela e da Pepita Rodrigues, que na época eram casados. A peça chamava-se *Extremos*. Fui chamada às pressas, com a Beth Goulart, porque as duas atrizes que iriam estrear daí a uma semana tinham se incompatibilizado com o casal. A direção era do Luís Carlos Maciel, que eu conhecia do teatro amador, em Porto Alegre. Luís Carlos é marido da Maria Cláudia, uma das atrizes que tinha se desentendido, com a Lúcia Alves, com o casal Pepita e Dollabela. Mas eu não sabia o motivo da saída. Só recebi o convite para ir ao Rio de Janeiro fazer a peça e que a estréia seria daí a nove dias. Fui porque tinha grande interesse em fazer esse trabalho.

Logo no primeiro dia em que cheguei, o diretor também se despediu porque disse que ficaria um clima desconfortável para ele continuar na direção após a saída da esposa. Chamaram o Amir Haddad para substituí-lo. O Amir é um diretor maravilhoso, nunca impunha nada do que você deveria fazer, ele só orientava e lhe conduzia para o caminho do personagem com sugestões. Ainda existia uma censura porque a gente fez um espetáculo para os censores de manhã. Estreei um pouco devagar, ainda lembrando

Com Carlos Eduardo Dolabella na peça Extremos

muito do texto, o que atrapalha o andamento da interpretação.

Depois, fui me sentindo mais segura e gostava imensamente de fazer a peça. Era um personagem muito bom. Aconteceu que a partir de críticas muito favoráveis ao meu trabalho e da Beth Goulart, a situação na companhia começou a ser menos confortável. Isso acontece, às vezes, é natural do ser humano. Começaram os conflitos entre os produtores e nós duas. A Beth teve menos paciência do que eu e, depois de três ou quatro meses, pediu substituição. Eu ainda continuei na peça por mais uns três, quatro meses. Mas a situação começou a ficar muito pesada. Eles eram duas pessoas muito temperamentais, principalmente a Pepita. Ela é uma pessoa generosa, boa, porém, tem um temperamento extremamente explosivo e isso não combina comigo.

Entrou no meu lugar uma atriz de quem eu gostava muito, a Yolanda Cardoso. Ela até falou para um amigo em comum: *A Hartmann é muito sensível, eu tiro as coisas de letra*. Voltei para São Paulo e após alguns meses, a Bibi Ferreira me chamou para fazer uma substituição na peça *Piaf*, que ela produzia e atuava. Eu faria dois papéis: a Marlene Dietrich e uma enfermeira que entrava no final da peça. Concomitantemente, a Pepita me telefona pedindo para eu voltar para a peça na temporada de São Paulo, porque a Yolanda tinha saído. Eu fiquei na dúvida, disse

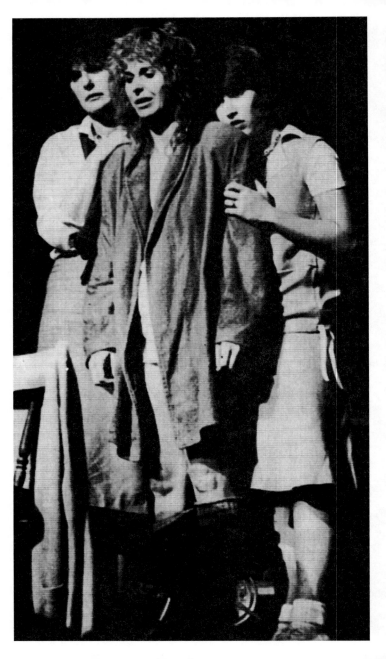

que ia pensar. Em seguida, a Yolanda Cardoso me telefona: *Pelo amor de Deus, eu só quero que você me substitua porque eu não estou agüentando.*

Ela que tinha dito que eu era tão sensível! Como eu gostava muito de fazer o papel e na parte financeira a Pepita era generosa, resolvi aceitar. Também pesou outro fato: a peça aqui fez temporada no TBC (Teatro Brasileiro de Comédia) e quando vim para São Paulo em 1961, meu sonho dourado era trabalhar no TBC.

Com a Bibi iria viajar pelo Brasil, o que também era bem interessante, mas eu não queria perder a oportunidade de trabalhar no TBC. Fui me encontrar com a Bibi. Ela é uma pessoa tão delicada, tão educada, além do enorme talento. Coloquei todo o fato e ela me disse: *Você tem que fazer o que seu coração pede. Só quero lhe prevenir de uma coisa: as pessoas não mudam.* Isso eu não esqueci. Hoje, eu penso que poderia ter aprendido tanta coisa com ela na sua companhia! Contudo, meu coração na hora pediu outra coisa e eu voltei para a peça.

A Annamaria Dias estava na peça desde a substituição da Beth Goulart. Ensaiamos à tarde antes da estréia da noite. Pois nesse ensaio saiu uma briga entre a Annamaria e a Pepita, que eu nunca vi nada igual. A Annamaria Dias é uma pessoa muito educada e comedida, uma pessoa que não perde o equilíbrio por qualquer coisa.

Com Pepita Rodrigues e Beth Goulart na peça Extremos

Mas havia sempre esse tipo de provocação: *Você tem que vir pra cá... Você não fez isso... Você não olhou...* Aí a Annamaria perdeu a paciência. À noite estreamos com a Annamaria pedindo substituição. Ela até me pediu muitas desculpas porque é uma pessoa bem educada. Mas, fora isso, eu tive o grande prazer de estrear no TBC. Foi um prazer enorme, imenso, mesmo porque, foi a realização de um sonho. Eu gostaria de ter trabalhado com aquele elenco glorioso do TBC, e estar naquele espaço físico era muito emocionante. A Magnólia do Lago estava assumindo a direção do TBC naquele período

Fizemos uma curta temporada no TBC bem-sucedida e partimos para uma temporada no interior. Viaja pra cá, viaja pra lá, começa de novo toda aquela ladainha: *Porque você isso, você aquilo... Porque você não olhou, não sentou, não podia tossir...* Mas eu fui agüentando. A Annamaria foi substituída pela Solange Theodoro, que ficou só uma semana e já saiu porque também não dava certo. Entrou a Tereza Teller, que foi até o fim. Em Marília (SP), terminou o espetáculo e, por uma questão de acerto de contas, saiu uma briga muito feia. O Dollabela foi tão deselegante comigo, gritava destemperadamente. Como era a última cidade da temporada, tudo terminou dessa maneira. Pensei comigo: a experiente Bibi Ferreira tinha razão: as pessoas não mudam!

Capítulo XXIX

Sua Excelência, o Candidato

O Marcos Caruso e a Jandira Martini tinham escrito a peça *Sua Excelência, o Candidato* e resolveram montá-la aqui em São Paulo. Convidaram-me para fazer um dos papéis femininos. Eu já tinha lido o texto e achava engraçado. Tinha também visto a estréia no Rio de Janeiro com a direção do Atílio Riccó. Não era uma boa montagem. Porém, eu achava a peça boa e que os papéis femininos, embora fossem pequenos, eram papéis de destaque.

Aceitei o convite. A direção foi do Silney Siqueira. Entre os ensaios e o término da temporada foram dois anos, de 1986 a 1988. O elenco todo se dava muito bem, a gente estreitou laços. O Caruso, eu já conhecia desde 1975. Tínhamos uma grande intimidade, de vez em quando a gente se pegava, mas depois sempre fazíamos as pazes. A nossa amizade é fraterna, para toda vida. Ele já provou a fidelidade em momentos bem difíceis da minha vida e eu também já estive junto dele em momentos assim. Nessa empreitada fiquei amiga da Eliana Rocha. Já faz 20 anos, somos amigas até hoje. São relacionamentos importantes, bonitos na minha vida.

Ficávamos no mesmo camarim, a Eliana, o Eurico Martins e eu. Nós três estabelecemos uma grande intimidade, porque no teatro você chega uma

O elenco de Sua Excelência, o Candidato: Benjamin Cattan, Eliana Rocha, Eurico Martins, Marcos Caruso, Elisabeth, Renato Consorte, Edson Koshiyama, e o camarim

hora e pouco antes do início da peça, conversa sobre seu dia, sua saúde, sobre várias coisas, assim o elenco vai se conhecendo, ainda mais se é um elenco que se dá bem. No elenco ainda estavam o Benjamin Cattan, o Renato Consorte e o Edson Koshiyama, além do próprio Caruso. Nós todos éramos os produtores. A gente formou uma sociedade de cotas para levantar a peça. Todos os atores, com exceção do Edson, eram sócios nessa produção. Todos nós tínhamos encargos na produção, cada um ficava responsável por um setor. Fizemos uma bela produção.

Foi nesse período dos ensaios de *Sua Excelência, o Candidato* que eu descobri que tinha certo talento para a direção. Eu só entrava no final do primeiro ato. Vendo o ensaio dos outros pensava como me movimentar em cena e também dava uns palpites. Teve um dia que eu pensei: *Não vou palpitar mais nada de repente, alguém pode não gostar.* Então eu fiquei quieta. O Silney me chamou e disse: *Vem cá, senta aqui do meu lado, me ajuda um pouco com os seus palpites.* Um dia, o Caruso falou pra mim: *Beth, eu acho que você tem jeito para a direção. Você deveria explorar um pouco mais esse lado. O trânsito em cena você administra bem e os toques que você deu também são interessantes, pensa mais nisso.*

O Caruso saiu da peça pouco antes da gente começar a viajar. Entrou o Paulo Gorgulho. Esse também saiu e entrou o Paulo Leite. O Benjamin Cattan também saiu, entrou o Josimar Martins.

Cenas de Sua Excelência: *Marcos Caruso e Eurico Martins*

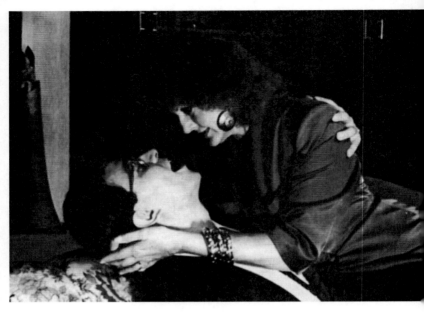

Com Eurico Martins, e cumprimentos de Eduardo Suplicy

Depois saiu o Josimar, entrou o Chico Martins. Essas substituições foram desgastando um pouco o processo.

Ainda entrou o Ken Kaneko no lugar do Edson. Os atores novos já não eram mais cotistas, eram funcionários contratados. A administradora que contratamos para o interior não correspondeu. O trabalho dos atores cotistas aumentou. Tudo isso foi criando um pouco de desgaste e, de repente, alguém falou que deveríamos parar com o espetáculo. Não sei de quem partiu essa decisão, minha opinião era outra. Não deveríamos ter parado, a gente tinha condições ainda de viajar e a peça fazia muito sucesso.

Paramos em Santos, onde estávamos pela segunda vez naquele teatro enorme do Sesc. Eu me lembro que o Eurico Martins chorava copiosamente, porque ele não queria parar com a peça de jeito nenhum. Depois de Santos, mais quatro cidades ainda telefonaram querendo o espetáculo, mas a gente já tinha desmontado tudo. Ficou desse período também uma grande amizade com o Eurico Martins, um rapaz que eu tive como um irmão mais moço, como um filho. Ele era muito divertido, a gente deu muita risada juntos.

Como atriz, na década de 80, trabalhei ainda numa produção da Angelina Muniz e direção do Atílio Riccó: *Quem Programa Ação Computa Confusão*, de Anthony Marriot e Bob Grant. Além de mim, estavam no elenco o Guilherme Corrêa, o Paulo Celestino, o Denis Derkian. O Atílio morava no Rio de Janeiro, por isso vinha uma ou duas vezes por semana para dirigir a peça.

Das outras vezes, a Angelina dirigia. Como o nome da peça diz, foi uma confusão mesmo essa montagem. Quando eu li a peça, achei que seria uma comédia, mas depois da peça montada, vi que a peça não estava com nada. A peça não fez sucesso, fiquei com pena da Angelina que investiu e perdeu dinheiro. Uma atriz criou tanta confusão que a Angelina acabou fazendo o papel. Coitada, a Angelina Muniz investiu na melhor boa-fé, mas não deu sorte mesmo. Depois dessa peça, fiquei 20 anos sem fazer teatro. Ou os deuses do teatro ficaram de mal comigo ou alguém me rogou uma praga.

Capítulo XXX

Como Diretora de Teatro

Minha atuação como diretora começou por leituras dramáticas na Casa de Cultura Mazzaropi, aqui em São Paulo. Eu fazia essas leituras com marcações, com iluminação, com música. Então ficava uma coisa bem bonitinha e interessante, não aquela coisa tediosa onde o ator senta, só lê e a platéia às vezes até se impacienta. Foram muitas leituras, de diversos autores e com muitos atores diferentes. Foi um excelente aprendizado, principalmente saber administrar os atores. Deixando a modéstia de lado, considero-me ótima diretora de atores, eu sei conduzir o ator, sem chiliques, o que é muito importante.

Depois, a Magnólia do Lago, que dirigia o TBC, me chamou para dirigir um espetáculo infantil: uma peça do Plínio Marcos chamada *O Coelho e a Onça*, a única peça infantil escrita por ele. Foi a minha primeira direção profissional. Tive que fazer testes com os atores. Era um elenco absolutamente desconhecido. A única atriz que eu convidei foi a Valéria Lauand, com quem eu tinha feito anos atrás a peça infantil do Marcos Caruso. A peça ganhou um prêmio de iluminação.

Por causa desse trabalho no TBC, o Eurico Martins quis que eu o dirigisse num espetáculo infanto-juvenil chamado *Palhaçadas*, do João Siqueira. A partir do roteiro que tínhamos, a

gente ampliou um pouco com música e com dança. Em *Palhaçadas*, trabalhava também o Rogério Garcia, um ator do Rio de Janeiro. O Eurico ganhou todos os prêmios com essa peça: da Associação Paulista de Críticos de Arte (APCA), da Associação dos Produtores Teatrais do Estado de São Paulo (Apetesp) e o prêmio Molière que existia na época. A música também foi premiada e eu me sinto muito orgulhosa disso, porque a trilha musical foi toda escolhida por mim. Teve até uma canção que o Eurico e eu fizemos a letra e o rapaz que fez a trilha musicou.

Infelizmente, o Eurico Martins morreu quatro dias antes da entrega do prêmio Moliére. Do hospital, ele mandou um recado que, caso ele fosse premiado, eu fosse receber o prêmio por ele, porque ele não se sentia em condições de se apresentar publicamente pela debilitação física. Como disse, ele faleceu antes e eu recebi o prêmio por ele. A Air France, que patrocinava esse prêmio, oferecia uma passagem aos ganhadores. A empresa passou a passagem para a mãe do Eurico. Foi muito justo porque a Merci é uma mulher guerreira, batalhadora, passou por grandes dificuldades na vida, inclusive, a perda desse filho tão talentoso e tão querido, cuja ausência também me dói até hoje.

Com o sucesso de *O Coelho e a Onça*, o Walcyr Carrasco também me chamou para dirigir uma peça infantil dele que a Magnólia ia montar: *A Filha da Branca de Neve*. É uma peça bem legal.

Elisabeth em uma das leituras dramáticas

Eu fiquei superanimada para dirigi-la, tinha até já formado o elenco, quando aconteceu uma coisa desconfortável. Um dos atores que eu tinha convidado para fazer a peça achou o salário oferecido pela produção muito baixo. Então eu propus que ele fizesse a assistência de direção e eu pagaria a ele metade da minha porcentagem, o que ele aceitou de pronto. Eu estava também ensaiando uma peça como atriz, assim ele me ajudava e eu colaborava para o salário dele ficar melhor. Só que ele foi falar com a Magnólia e, de repente, *desaceitou* o convite.

Como se não bastasse, o elenco de *O Coelho e a Onça*, peça ainda em cartaz, fez pressão para que o salário fosse aumentado ou parariam com o espetáculo. A Magnólia me chamou e disse: *O elenco todo de* O Coelho e a Onça *vai parar a peça. Quero que você ensaie essa peça de novo com outro elenco.* Argumentei que não era possível ensaiar a peça de novo, ensaiar a peça do Walcyr e também ensaiar como atriz. Ela falou que se eu não reensaiasse *O Coelho e a Onça*, também não dirigiria a peça do Walcyr. Como eu já tinha dirigido a peça do Plínio e sido muito bem criticada, claro que não ia passar essa direção para outra pessoa. Resolvi ensaiar o novo elenco de *O Coelho e a Onça* e pedi que a Magnólia convidasse outra pessoa para dirigir a peça do Walcyr. O Walcyr não gostou dessa história, ficou uma situação ruim. Por fim, o pessoal de *O Coelho e a Onça* resolveu ficar, mas já tinha outro na direção de *A Filha da Branca de Neve*. Fiquei bem aborrecida.

Houve uma segunda passagem desconfortável com o Walcyr Carrasco. A partir de uma leitura de uma peça dele na Casa de Cultura Mazzaropi, um grupo resolveu montá-la sob minha direção. O Walcyr ficou muito entusiasmado. Só que o grupo, antes de começar a ensaiar, já brigou e aí desistiu de montar a peça. Eu acho que, de repente, o Walcyr atribuiu todos esses problemas a mim, porque nunca mais trabalhamos juntos. Mas eu fui vítima das circunstâncias daquele momento. Às vezes, a gente paga o preço de situações criadas pelos outros.

Fiz a co-direção para um grupo amador de Santo André (SP) da peça *Grandessíssimo Filho*, de Euclydes Rocco. Depois fiz a direção para um grupo profissional da cidade de Araraquara da peça *Fica Comigo Esta Noite*, comédia do Flávio de Souza. Ia todo fim de semana para Araraquara. Foi um trabalho gratificante. O grupo participou de um Festival de Teatro e ganhou praticamente todos os prêmios. Só não ganhou iluminação e direção, mas como ganhou de melhor espetáculo e os outros todos, considerei que estava premiada. Engraçado, só ganhei um prêmio uma vez em Brasília e ali todo mundo ganhou prêmio. Mas os espetáculos que eu dirigi sempre foram premiados.

Trabalhei por seis anos para a Secretaria Estadual de Cultura no Projeto Ademar Guerra, que auxilia e incentiva grupos de teatro amador. Primeiro, foram três anos em São José dos Campos num projeto criado pelo diretor Ademar

Guerra chamado Teatro na Comunidade. Era um projeto financiado pela Fundação Cultural Cassiano Ricardo. Quem idealizou o projeto foi o próprio Ademar Guerra, mas ele faleceu, então o Sebastião Milaré, também criador do projeto, me convidou para administrar a parte prática. Ele ficou com a parte teórica.

Eu não tinha experiência de lidar com a administração de grupos amadores. Minha experiência era com a direção das leituras dramáticas e as outras poucas direções que tinha feito. Mas foi uma experiência muito gratificante e um grande aprendizado. Eram quase dez grupos que a gente administrava nos fins de semana. Cada grupo tinha seu monitor e nós éramos os orientadores. Algumas pessoas eram muito talentosas.

Em homenagem ao seu criador, o projeto da Secretaria de Cultura passou a chamar-se Projeto Ademar Guerra. No Projeto Ademar Guerra você fica como orientador se o grupo tem um diretor e fica como diretor na ausência desse. Mas, geralmente, como o diretor tem pouca experiência, você acaba interferindo no trabalho dele. Sempre com o objetivo de orientar e despertar o talento e a autonomia do grupo. No Projeto Ademar Guerra, eu trabalhei dois anos no interior e depois quatro anos aqui na capital. Ajudei grupos amadores de São Simão, Mogi-Guaçu e Mogi-Mirim. Não era o ano todo, durava de quatro a seis meses. Foi um trabalho realmente enriquecedor, onde você enfrenta às vezes grupos rebeldes, porém, outras vezes, encontra diretores muito competentes e seu trabalho fica fácil.

No período da capital, trabalhei com grupos da terceira idade nos bairros. Isso me ajudou profissionalmente e também como pessoa. Eu sou uma pessoa da terceira idade, mas aqueles grupos eram de outro universo. Eram grupos da zona leste de São Paulo, de bairro pobre, com pessoas semi-analfabetas e até mesmo analfabetas. Elas pouco reclamavam da questão financeira, a reclamação era afetiva, de estarem sozinhas, marginalizadas por causa da idade. Isso acontece em todas as camadas sociais com relação aos idosos. A bem da verdade, com esses grupos da capital paulista não foi só um trabalho cultural, mas também social. O teatro passou a ser um agente transformador, o que é mesmo a função do teatro. Aquelas pessoas tiveram a oportunidade de saírem do seu casulo e descobrirem muitas possibilidades em si e seu próprio valor. Além de descobrirem uma nova maneira de se relacionar com os outros.

Eu desenvolvi uma didática de trabalho por meio de depoimentos. Na segunda aula, no bairro Ermelino Matarrazo, pedi que as pessoas falassem de sua trajetória de vida. Era o que elas mais queriam. Por causa da solidão já citada, ali elas encontraram um lugar para se fazerem notar. Nos grupos da terceira idade praticamente só havia mulheres. Muitas vieram do Nordeste, outras do interior para trabalhar nas Tecelagens Matarazzo.

Desses depoimentos, eu fiz uma peça. Como a maioria tinha dificuldade de leitura, teria dificuldade em decorar um texto, encontrei esse caminho de encenação, de conclusão do trabalho. Muitas tinham Maria no nome, por isso a peça chamou-se *Todas as Marias*. Era uma história só que juntava as histórias de todas elas. De repente, uma chegava na rodoviária perdida, ia buscar emprego como doméstica, a outra era cabeleireira, a outra se casava e assim sucessivamente numa história coerente em que todas entravam. Cada situação era entremeada por canções, porque elas adoravam cantar.

A peça foi apresentada no fim do ano, na festa de Natal, com enorme sucesso. O grupo pertencia à comunidade da Paróquia São Francisco, onde o pároco é o padre Ticão, famoso por seu trabalho há mais de 30 anos em Ermelino Matarazzo. Ele adorou a apresentação, queria que eu repetisse no próximo ano. Mas criei outra história de acordo com os novos depoimentos. Trabalhei lá por quatro anos e, no último ano, o grupo do Ermelino Matarazzo se apresentou no Teatro Fernando de Azevedo, na Praça da República, com outros grupos na Mostra do Projeto. Foi lindo!

Ainda trabalhei com grupos de terceira idade do Butantã. Com esse grupo que era alfabetizado, usei o poema da Cora Coralina *Todas as Mulheres*. Elas encenaram esse poema. E sempre com cantos, porque acredito que cantar é sempre muito importante para as pessoas.

Depois, mudou a Secretaria da Cultura, saiu o Marcos Mendonça, entrou a Cláudia Costin, houve mudanças e não trabalhei mais nesse projeto.

Por enquanto, minha última direção foi um espetáculo beneficente com empresários e personalidades da sociedade paulistana. A peça escolhida foi *Heresia, irmãos*, do Euclydes Rocco. Participaram da peça Yara Baumgart, Lucília Diniz, Roberto Justus, João Armentano, Roberto Lima, Sérgio de Nadai, Drica Lopes e Daniela Barros. Eles formam um grupo que auxilia obras de caridade e quiseram fazer dessa vez uma arrecadação por meio de uma encenação teatral. Eu os dirigi durante dois meses. Foram apresentadas dez ou 12 sessões no Teatro da Hebraica, totalmente lotadas, mesmo com o ingresso bem caro. Afinal, o objetivo era ajudar instituições de caridade. Toda sociedade paulistana compareceu, também alguns da classe estiveram presentes, mais especificamente Regina Duarte. E posso garantir que todos se divertiram muito.

Ao final escutei muitos elogios e que o ingresso valeu a pena porque o espetáculo era divertido. Nenhum deles nunca tinha pisado num palco e me respeitaram muito, daí o bom resultado. Todos fizeram direitinho, sem esquecer o texto e com certo charme. Devo dizer que o mais assíduo, que nunca faltou em nenhum ensaio, o mais questionador, o mais atento, foi o Roberto Justus. Tiro o chapéu pra ele, porque no segundo dia de apresentação, sua mãe foi internada gravemente enferma, perguntei se ele queria cancelar a apresentação, mas ele não quis. O admiro mesmo pela sua tenacidade. Ainda levamos o espetáculo para Curitiba e São Bernardo do Campo com grande sucesso.

Com João Armentano, no ensaio de Heresia, irmãos

Capítulo XXXI

A História de Ana Raio e Zé Trovão e Outros Trabalhos

Em 1989, fiz a minissérie *O Cometa*, na TV Bandeirantes. Ela foi escrita pelo filho do Manoel Carlos, o Ricardo Almeida, já falecido. A direção foi do Roberto Vignati e a minissérie contava a história de um caixeiro viajante na década de 40. Os caixeiros viajantes eram chamados de cometas por causa de sua passagem rápida pelas cidades. Quem fazia o cometa era o Carlos Augusto Strazzer. As gravações foram em Araxá (MG) e eu fazia uma alemã casada com o personagem do Felipe Levy. Nós recebíamos o cometa em casa. O personagem que eu fazia era meio neurótico em decorrência da guerra. Foi a última vez que me encontrei com o Carlos Augusto Strazzer. Logo depois, ele ficou doente e faleceu. Era uma pessoa muito querida.

A História de Ana Raio e Zé Trovão foi uma novela da TV Manchete e vinha na sequência do sucesso estrondoso de *Pantanal*. Uma novela escrita pelo Marcos Caruso e Rita Buzzar, direção do Jayme Monjardim. É uma das minhas alegrias televisivas. Os protagonistas eram o Almir Satter e a Ingra Liberato. Contava a saga de amor desses dois peões de rodeio pelo Brasil afora e as gravações eram todas em locações externas, havia algo de cinema no projeto. Eu entrei na novela quando ela já estava dois meses no ar. Comecei a gravar em Santa Rosa (RS). A Lolita Rodrigues fazia a mãe do Zé Trovão, sem que ele soubesse. Ela seguia a comitiva para não ficar longe do filho, mas era paralítica. Eu entrei como amiga dela que passava a seguir a comitiva também para auxiliar esse personagem. Enfim, a comitiva seguia em viagem e eu junto empurrando a cadeira de rodas da Lolita. Para variar, com sotaque de alemã.

Era um elenco enorme que mudava conforme a situação. Mas, eu entrei e passei, como disse, a acompanhar a comitiva para onde ela fosse. Gravamos um mês em Santa Rosa, depois fomos para outra cidade gaúcha chamada Piratini, uma cidade muito pequena onde só havia um hotel. A produção teve que alugar casas para abrigar toda a equipe. Ela já foi a capital da República Farroupilha em 1835, mas perdeu seu prestígio com desmembramentos de outros municípios. Depois seguimos para Treze Tílias (SC), a cidade com a maior colônia austríaca do Brasil. Fiquei depois um tempo fora da novela e retornei em Jaguariúna (SP), próxima a Campinas, onde a novela terminou.

Foi algo realmente inusitado. Muitas vezes, 300 pessoas estavam na estrada. Além da equipe enorme, de repente, entrava uma trupe de circo, entrava Chitãozinho e Xororó, Sula Miranda, etc. Gravei em muitos rodeios, porque era o universo da novela. Foi um período magnífico. A direção

do Jayme Monjardim era fantástica. Para mim, é um dos grandes diretores da televisão brasileira. Como ele estudou cinema, sabe qual o melhor ângulo, qual o melhor quadro. Veja o sucesso que *Pantanal* faz de novo na sua reprise depois de mais de 15 anos. E, como pessoa, ele é doce, carinhoso, lhe conduz com segurança no trabalho. Foi encantador trabalhar com o Jayme.

De uma cidade para outra havia um intervalo de uma semana para as pessoas da equipe irem até a sua cidade. Em Piratini, tive uma pneumonia, fui atendida lá, mas tive ainda que me restabelecer em São Paulo. Não pude voltar depois de uma semana. Quando voltei, me levaram de jatinho para que eu me sentisse bem. Fui muito bem tratada pela produção. E fiz alguns amigos a partir dessa novela. A Lolita já era uma amiga querida, cresceu nosso relacionamento e conheci o Miguel Magno, que é um amigo próximo até hoje. Agora, o término da novela foi de supetão. Ainda haveria outros capítulos e outras locações, mas um dia, em Jaguariúna, veio a ordem do Rio de Janeiro para acabar a novela ali mesmo. Foi um golpe no coração de todo mundo, principalmente no do Jayme, que se dedicou tanto a essa novela, cada locação era escolhida por ele. Pouco tempo depois, a TV Manchete fechou. E o Jayme continua com o sucesso que merece.

Minha novela seguinte foi *Razão de Viver*, no SBT. As gravações ainda eram nos estúdios do Sumaré. Para mim, não foi nenhuma razão de viver. Foi o pior papel que eu fiz em toda minha trajetória. Nunca me senti tão desprestigiada como atriz como nessa novela. Fui indicada para a novela pelo Crayton Sarzy, que tinha escrito uma versão anterior da história. Esse *remake* foi inicialmente entregue para uma autora do Rio, mas alguns do elenco ficaram insatisfeitos com o texto, então a história foi entregue para a Analy Alvarez e o Zeno Wilde. Meu personagem era de governanta na casa do personagem da Joanna Fomm. No início das gravações tive uma nova pneumonia. Dessa vez, precisei ficar 45 dias no hospital, pois foi bem grave. Fui muito visitada e cuidada pelo Caruso, pela Eliana Rocha e outros. Nesses momentos, vemos os que são amigos de verdade.

Quando entrei na novela, ela já estava no ar. Meu personagem começou tímido. Às vezes tinha uma cena melhor. Ela era alcoólatra. Então houve uma cena em que ela revelava o porquê do alcoolismo. Foi uma cena muito bonita e muito bem escrita. Essa cena já foi escrita pela Ecila Pedroso, que foi chamada para ajudar como co-autora. Eu não sei o que aconteceu, porque a partir dessa cena, o papel foi diminuindo a ponto de eu ficar dez capítulos sem entrar na novela. Foi uma situação desconfortável. De tudo que eu fiz na minha vida artística, essa é uma lembrança bem desagradável. Quando a novela terminou, eu expus minha insatisfação com a direção da emissora. Não foi uma novela de sucesso e teve muitos problemas. Jogando os capítulos fora eu me dei conta que de trás para a frente o título *Razão de Viver* forma

Revive do Azar. Entendi aí o que aconteceu com essa novela. Isso foi em 1996.

Já *A Pequena Travessa*, também no SBT, foi uma festa. A Bianca Rinaldi foi a protagonista. Uma atriz nova, dedicada, esforçada, que dá prazer em contracenar. Meu personagem era uma mulher riquíssima que tinha um mordomo, vivido pelo Josimar Martins. Ela sempre discutia um pouco com ele, tinha umas sobrinhas interesseiras de olho na herança dela, que eram os papéis da Tânia Bondezan e da Rachel Ripani. Era um personagem bem legal, agradável de fazer. Tomara que eu tenha outra sorte como essa, porque é muito gostoso se dar bem com o personagem e com o elenco com o qual você contracena. Porque depois dessa novela de 2002 só fiz participações especiais: no teleteatro da TV Cultura *Senta Que Lá Vem Comédia* com a peça *O Secretário de sua Excelência*; em *Amigas e Rivais*, no SBT, onde fiz uma madre, mas que nem foi ao ar, pois a novela foi encurtada; e também uma freira em *Água na Boca*, novela da TV Bandeirantes, logo no início da trama. Entre a novela *Razão de Viver* e *A Pequena Travessa*, fiz a minissérie *Dona Flor e seus Dois Maridos*, em 1998, na Rede Globo, que já citei em capítulo anterior.

Fiz muito júri de Festival de Teatro Amador nos últimos anos. Posso dizer que conheço muito o interior de São Paulo por causa disso, porque a gente fica no mínimo uma semana na cidade. É um trabalho que sempre encarei com muita

Nas gravações de A Pequena Travessa

Com os maquiadores do SBT, em A Pequena Travessa

seriedade. São jovens atores que se apresentam e tem expectativas. Eu também comecei minha carreira no teatro amador, então eu sei como eles se sentem.

Como já disse, quando ouvi as palmas no final da minha primeira apresentação, fiquei tão encantada que pensei que era a *Sarah Bernhardt dos Pampas*. Por isso, trato sempre os atores amadores com muita delicadeza e consideração. Algumas vezes, é difícil quando o diretor não é amador e é muito prepotente, não aceita críticas.

Encontro hoje, no teatro profissional, muitos atores e atrizes que falam que eu fui júri numa apresentação deles como amadores, citam alguma dica ou crítica que fiz. Fico muito gratificada quando alguém que vi no teatro amador se tornou um belo ator profissional.

No camarim do CIEE, em Porto Alegre

Capítulo XXXII

A Volta ao Teatro

Depois de 20 anos sem pisar no palco como atriz, fui convidada a fazer uma substituição na peça *A Noite do Aquário*, de Sérgio Roveri, direção do Sérgio Ferrara. Contracenaram comigo os atores Germano Pereira e Chico Carvalho. Depois, o Germano foi substituído pelo Gustavo Haddad. A peça entrou na programação do Sesi e viajamos pelo interior paulista nos apresentando nas unidades da entidade. Para mim, foi uma volta ao teatro com imensa alegria e satisfação num papel importante e instigante. Fiz uma mulher tão diferente de mim, destituída de qualquer vaidade, sem nenhuma preocupação com a aparência, fazia a peça descalça. Acrescente a isso, a situação conflitante de uma mulher abandonada pelo marido, abandonada pelo filho que volta depois de oito anos de ausência e vivendo numa ilha que está ficando deserta. Esse filho ausente retorna para buscar a mãe e o irmão caçula. Como a mãe não quer sair dali, ela acaba matando o filho caçula. Eu nunca tinha vivido um papel com tanta dramaticidade.

Lastimei ter feito em substituição porque não acompanhei o processo da montagem. Fiz a substituição em dez dias com poucos ensaios, mas fui me entregando a esse personagem a cada apresentação e posso dizer que foi uma coisa muito boa retornar nesse papel, fazer as pazes com os deuses do teatro.

Também foi muito importante entrar em contato com uma nova geração do teatro paulistano. Foi uma verdadeira dádiva atuar em *A Noite do Aquário*.

E parece que retornei mesmo ao teatro porque, em seguida, fui convidada para fazer *Tio Vânia*, de Anton Tchecov, com o grupo do Teatro Ágora. Aí foi uma volta aos palcos de São Paulo capital. Confesso que fiquei admirada quando o Roberto Lage telefonou me convidando para fazer o papel da mãe, sob a direção do Celso Frateschi. Nunca pensei que uma atriz como eu, de carreira televisiva e um teatro mais comercial, pudesse interessar a eles. Aceitei o convite mesmo sendo um papel pequeno e uma proposta financeira modesta. Queria conhecer o processo de trabalho de um grupo que se rotula experimental e, por isso mesmo, ter o mérito de escolher textos de dramaturgia menos convencional, mais densa, enfim, um texto clássico.

O processo do Celso, pelo menos nesse trabalho, foi muito interessante. Coloca o ator logo no palco, deixa fluir a sua interpretação e depois começa a orientar e a conduzir, nunca entrando em atrito, levando o intérprete suavemente ao que seria a sua leitura do texto. Mesmo depois da estréia, continua orientando os atores. Se a função do teatro é a comunicação emocional e estimular a sensibilidade, penso que *Tio Vânia* chegou lá. Para mim, a experiência valeu. O elenco, na sua maioria, é jovem, alguns recém-saídos da escola de arte, o que às vezes me faz sentir um pouco uma estranha no ninho. Mas tudo é importante como aprendizado, tanto como atriz como ser humano.

O que houve também de muito bom com *Tio Vânia* foi participar do *Porto Alegre Em Cena*. Indescritível a emoção que senti ao representar de novo na minha amada cidade no palco do Teatro CIEE (Centro de Integração Empresa-Escola). Foi uma emoção após a outra: na platéia, estavam meus amados amigos Hilda Zimmermann e sua filha Lívia; Luiz Carlos Lisboa, com quem fiz minha primeira peça como amadora; e Célia Ribeiro, a jornalista e escritora através da qual fiz meu programa na TV Piratini. Como se tudo isso não bastasse, ainda fui pauta de uma bela matéria para o *Jornal do Comércio*. E ao subir no terraço do prédio do CIEE para ser fotografada, avistei a Igreja Martin Lutero, construída pelo meu pai. Foi tudo lindo!

Em São Paulo, *Tio Vânia* estreou dia 19 de setembro de 2008, com algumas boas críticas, outras menos. O importante é que o público gostou e a função do teatro vai além do mero entretenimento. É acima de tudo um veículo para estimular a reflexão e a sensibilidade.

Cenas da montagem de Tio Vânia

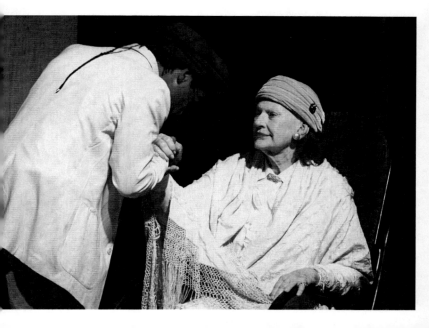

Capítulo XXXIII

Sou Atriz

Eu poderia ter continuado secretária, casado e vivido em Porto Alegre. Porém, no momento em que decidi ser atriz, foi um caminho sem volta, que me trouxe a São Paulo. Sou uma atriz e me orgulho disso. Minha profissão me realizou e me realiza. Não foi fácil, nunca é. Não é uma profissão glamurosa como muitos imaginam. É uma profissão. É um trabalho que dá uma satisfação diferente. Essa coisa fantástica de você assumir outra personalidade, de representar outra pessoa é fascinante. O ator tem que ser alguém aberto para tudo, ser alguém desprovido de preconceito, sem censura para desenvolver bem seu ofício. É um jogo e esse jogo vale a pena.

Parece que o ator não se basta. Ainda não consegui entender nossa profissão totalmente. Não se basta e assume outras personalidades. Ao mesmo tempo, parece que continua criança e ainda brinca de casinha, que ainda vive um faz-de-conta. Também acho que é uma missão, porque a dramaturgia não é mero entretenimento. Você leva as pessoas a pensar, a sentir emoções. A comédia, por exemplo, é sempre uma crítica a algo que não está certo, a uma falha cometida. Você morre de rir, mas se parar para refletir vai perceber essa crítica. E tem o prazer de conviver, de jogar em companhia dos outros colegas. Como espectadora, o que mais me chama a atenção é o texto.

Lógico que me detenho nas interpretações, mas é a mensagem do texto que me pega.

Tenho orgulho de ter contracenado com Cacilda Becker, que foi um mito do teatro para a minha geração. Tenho orgulho de ter trabalhado na companhia da Nydia Lícia, que é uma mulher muito importante para mim, que eu admiro e respeito por tudo que ela fez e faz, pelo ser humano que ela é. Tenho orgulho de ter trabalhado na companhia da Ruth Escobar, que foi generosa comigo, uma mulher batalhadora e que deve ser admirada, mesmo que seja incompreendida por muitos.

Tinha uma grande admiração pela atriz Maria Della Costa, que hoje não exerce mais a profissão. Eu sinto mesmo como dádiva ter convivido e trabalhado com essas mulheres. Sou fã de muitas atrizes e orgulho-me de ser colega delas. Está aí a linda Fernanda Montenegro, que é um ícone, e jovens atores com tanto talento! Atores tão maravilhosos como Antonio Fagundes, Juca de Oliveira. Tinha paixão de ver o Walmor Chagas representar, pena que ele não faça mais teatro.

Adoro trabalhar nos três veículos de dramaturgia: cinema, teatro, televisão. Não dou mais importância a um do que ao outro. Cada um com seu momento e sua linguagem. Tudo começou com o teatro, que eu adoro fazer, percebo a falta que senti agora que estou no palco. Mas sempre gostei de televisão, nunca me aborreci de ficar horas esperando para gravar, às vezes, uma única cena. Idem o cinema, que sempre adorei fazer. No cinema, já cheguei a ser maquiada às oito horas da manhã e fazer a cena só às oito da noite. Isso nunca me aborreceu. O que me aborreceu sempre foi a injustiça, ser podada em trabalhos, não ser respeitada no meu ofício.

Eu não gosto de ver o que já fiz. A Cacilda dizia que não gostava de colocar suas fotografias na parede, porque não gostava de se ver morta. Talvez seja uma característica das arianas, porque eu também não gosto. As fotos que estão na minha casa são só duas: eu criança junto aos meus pais. Olhar o rosto que fui há 20 anos? Isso já passou. Como sou agora, olho no espelho. Tenho saudades de algumas pessoas que já não estão mais aqui, geograficamente ou fisicamente. Agora saudades de trabalhos, de como fui, não.

Às vezes fico triste, deprimida, mas eu mesma me consolo, relembrando quantas coisas já fiz, quanta coisa boa já vivi. Não é saudade, mas confirmação do dever cumprido, quanto já conquistei. Tudo são bênçãos que vêm com a vida e você deve agradecer. Chorei muito, me senti injustiçada, pensei em desistir, mas sempre se abrem novas perspectivas. Eu convivo bem comigo mesma. Como sou filha única, sempre tive uma coisa meio solitária. Minha mãe contava que nos meus aniversários a casa estava cheia de gente porque eu era bem sociável, brincava com todas, fazia festa, mas em determinada hora eu falava: *Agora, cada uma brinca pra si.* E me isolava brincando sozinha. Isso é da minha natureza. Às vezes, estou no meio de muitas pessoas e quero brincar sozinha. Sou capaz de ficar três, quatro dias na minha casa sem falar com ninguém e isso não me aborrece. Eu preencho meu tempo muito bem.

Meu último elo no Rio Grande do Sul é a minha amiga Hilda Zimmermann, que eu conheço desde os meus 15 anos de idade e nunca perdi o contato. O marido da Hilda, já falecido, foi meu colega no ginásio. Ela tem duas filhas: uma poetisa e a outra oceanógrafa. Eu a visito em Porto Alegre ou vou com ela à sua casa em Torres. Com ela e a sua família e na casa dela é onde eu percebo que lá estão as minhas raízes e que eu sou de lá. São Paulo é a minha segunda vida, mas minhas raízes, meu chão estão no Sul. Com a Hilda, tomo chimarrão, sentamos na frente da casa em Torres para ver a lua nascer atrás do Morro do Farol, cantamos e rezamos juntas. É muito importante para mim. Mas também é uma saudade contínua, porque é chegar e partir.

Sei que envelhecer é um processo de vida. Agora que tenho mais de 70 anos de idade, não se pode olhar para isso com susto. Eu fiquei mais assustada quando fiz 40 anos. Uma mulher de 30 anos ainda é toda efervescente, 40 anos me assustou, porque percebi que tinha perdido uma parte da minha mocidade. Mas depois você faz 50, 60 anos e tudo continua. Então você percebe

Com a amiga Hilda Zimmermann na praia em Torres, RS

que é a sua realidade. Vamos olhar para isso com serenidade.

Lógico que vêm coisas não tão agradáveis, coisas que você não pode fazer mais. O envelhecer dói mesmo ao ver que algumas pessoas já partiram, não estão mais aqui. Apesar de também aceitar a morte com mais serenidade, afinal o caminho é mesmo este.

Em mim convivem uma velha e uma menina. Sou menina, porque ainda tenho idéias, planos, penso em mudar para outro local, tenho atitudes infantis, comportamento, às vezes, de criança.

E a velha que existe dentro de mim pensa que se pudesse parar de trabalhar, iria morar numa cidade bem pacata do interior, teria uma casinha com um quintal, com muitas plantas e um cachorro. Poderia ler todos os livros que eu não li até agora e, aos domingos, cantaria no coral da igreja. Essas duas realidades convivem com a Elisabeth que sou hoje. As duas convivem bem. Sinto que envelheci, quando olho para alguns amigos que conheci tão jovens e os vejo já maduros. Não preciso nem olhar no espelho!

A maturidade leva também a uma maior generosidade, a você ser mais complacente com certas coisas. Há impaciência, mas há complacência para equilibrar. Pelo menos eu sinto assim. A não ser que seja uma pessoa amarga, aí fica mais complicado. E também não gasto mais tempo sofrendo com o que já passou, com as injustiças sofridas, com quem tentou me prejudicar. É perda de tempo pensar nisso. Não corto a perspectiva do dia de amanhã. É nisso que devo estar concentrada e devo ter esperança.

Estaciona-se no ruim do ontem, não aproveito o hoje e não fico aberta para o novo de amanhã.

Quero sim fazer mais trabalhos. É tão bom, um jogo delicioso. A Sarah Bernhardt dos Pampas está sempre disposta a brilhar. Essa é uma pretensão sadia e gostosa.

Trabalhos de Elisabeth Hartmann

Cinema

1983
• *Sacanagem* (episódio: *Gatas no Cio*)
Direção e roteiro de Alfredo Sternheim

1982
• *Curral de Mulheres*
Direção e roteiro de Osvaldo de Oliveira

1981
• *Amélia, Mulher de Verdade*
Direção de Deni Cavalcanti – Roteiro de Líbero
Miguel

1980
• *Os Rapazes da Difícil Vida Fácil*
Direção e roteiro de José Miziara
• *Palácio de Vênus*
Direção e roteiro de Ody Fraga

1979
• *Herança dos Devassos*
Direção de Alfredo Sternheim – Roteiro de César
Segane Cabral e Diana Ferraro
• *Os Imorais*
Direção e roteiro de Geraldo Vietri
• *A Força dos Sentidos*
Direção e roteiro de Jean Garret

1978
- *O Jeca e seu Filho Preto*
Direção e roteiro de Pio Zamuner e Berilo Faccio – Roteiro de Rajá de Aragão – Argumento de Amacio Mazzaropi
- *Mulher Desejada*
Direção e roteiro de Alfredo Sternheim

1977
- *Jecão, um Fofoqueiro no Céu*
Direção e roteiro de Pio Zamuner e Amácio Mazzaropi
- *Internato de Meninas Virgens*
Direção e roteiro de Osvaldo de Oliveira

1976
- *Senhora*
Direção e roteiro de Geraldo Vietri – Baseado no romance de José de Alencar
- *A Noite das Fêmeas*
Direção e roteiro de Fauze Mansur

1974
- *Portugal... Minha Saudade*
Direção e roteiro de Amácio Mazzaropi
- *Macho e Fêmea*
Direção e roteiro de Ody Fraga

1973
- *Os Garotos Virgens de Ipanema*
Direção de Osvaldo de Oliveira – Roteiro de Enzo Barone e Osvaldo de Oliveira – Argumento de Antônio Pólo Galante

1971
- *Diabólicos Herdeiros*
Direção e roteiro de Geraldo Vietri

1969
- *Uma Pistola para Djeca*
Direção de Ary Fernandes – Argumento e roteiro
de Amácio Mazzaropi
- *No Paraíso das Solteironas*
Direção e roteiro de Amácio Mazzaropi – Argumento de Orlando Padovan

1968
- *O Jeca e a Freira*
Direção e roteiro de Amácio Mazzaropi

1967
- *Férias no Sul*
Direção e argumento de Reynaldo Paes de Barros

1965
- *O Puritano da Rua Augusta*
Direção e roteiro de Amacio Mazzaropi – Assistente de direção: John Doo – Co-roteirista: Alvim Barbosa

1962
- *A Ilha*
Direção e roteiro de Walther Hugo Khouri

Teatro

2008
- *Tio Vânia*
De Anton Tchecov – Direção de Celso Frateschi
- *A Noite do Aquário*
De Sérgio Roveri – Direção de Sérgio Ferrara

1988
- *Quem Programa Ação Computa Confusão*
De Anthony Marriot e Bob Grant – Direção de Atílio Riccó

1986
- *Sua Excelência, o Candidato*
De Marcos Caruso e Jandira Martins – Direção de Silnei Siqueira

1984
- *Extremos*
De William Mastrosimone – Direção de Amir Haddad

1982
- *Há Vagas para Moças de Fino Trato*
De Alcione Araújo – Direção de Jean Garret e Mário Vaz Filho

1975
- *Noite Encantada*
De Marcos Caruso – Direção de Marcos Caruso

1974
• *O Peru e a Pomba*
De Renato Restier – Direção de Emílio Di Biase

1972
• *Um Grito de Liberdade*
De Sérgio Viotti – Direção de Osmar Rodrigues Cruz

1971
• *Senhora*
De José de Alencar, adaptação de Sérgio Viotti – Direção de Osmar Rodrigues Cruz

1968
• *O Milagre de Anne Sullivan*
De Willian Gibson – Direção Osmar Rodrigues Cruz
• *Lisístrata*
De Aristófanes – Direção de Maurice Vaneau

1967
• *Um Estranho Casal*
De Neil Simon – Direção de Antônio Abujamra

1966
• *O Licor de Maracujá*
De Abílio Pereira de Almeida – Direção de Abílio Pereira de Almeida

1964

- *Boeing, Boeing*
De Marc Camoletti – Direção de Carlos Kroeber
- *O Pobre Piero*
De Achille Campanile – Direção de Nydia Lícia

1963

- *M.M.Q.H.*
De Luís Novas Terra – Direção de Nydia Lícia
- *Oscar*
De Claude Magnier – Direção de Cacilda Becker

Televisão

Novelas

2002

- *A Pequena Travessa* – SBT
Original de Abel Santa Cruz – Adaptação de Rogério Garcia e Simoni Boer – Direção de Henrique Martins, Jacques Lagoa e Sacha

1996

- *Razão de Viver* – SBT
Original de Ismael Fernandes, Crayton Sarzy e Henrique Lobo – Adaptação de Analy Alvarez, Zeno Wilde e Nara Gomes – Direção de Henrique Martins, Antonino Seabra e Del Rangel – Supervisão de Nilton Travesso

1991
- *A História de Ana Raio e Zé Trovão* – Rede Manchete
Escrita por Marcos Caruso e Rita Buzzar – Direção e idealização de Jayme Monjardim – Co-direção de Roberto Naar

1983
- *Braço de Ferro* – Rede Bandeirantes
Escrita por Marcos Caruso – Direção de Sérgio Galvão

1982
- *A Força do Amor* – SBT
Original de Marisa Garrido – Adaptação de Raymundo Lopes – Direção de Waldemar de Moraes

1980
- *As Três Marias* – Rede Globo
Adaptação do romance de Rachel de Queiroz – Escrita por Wilson Aguiar Filho – Direção de Herval Rossano
- *Olhai os Lírios do Campo* – Rede Globo
Adaptação do romance de Érico Veríssimo – Escrita por Geraldo Vietri e Wilson Rocha – Direção de Herval Rossano

1978
- *João Brasileiro, o Bom Baiano* – Rede Tupi
Escrita e dirigida por Geraldo Vietri

1977
• *Cinderela 77* – Rede Tupi
Escrita por Walter Negrão e Chico de Assis – Direção de Antonio Moura Matos

1976
• *Papai Coração* – Rede Tupi
Escrita por José Castellar – Direção de Edison Braga e Atílio Riccó

1975
• *Meu Rico Português* – Rede Tupi
Escrita e dirigida por Geraldo Vietri

1974
• *A Barba Azul* – Rede Tupi
Escrita por Ivani Ribeiro – Direção de Henrique Martins e Carlos Zara

1972
• *Vitória Bonelli* – Rede Tupi
Escrita e dirigida por Geraldo Vietri
• *Signo da Esperança* – Rede Tupi
Escrita por Marcos Rey – Direção de Carlos Zara

1971
• *A Fábrica* – Rede Tupi
Escrita e dirigida por Geraldo Vietri

1969
• *Nino, o Italianinho* – Rede Tupi
Escrita e dirigida por Geraldo Vietri – Co-autoria de Walter Negrão – Co-direção de Jean Carlo

1965
• *A Outra* – Rede Tupi
Original de Dario Nicodemi
Adaptação de Walter George Durst – Direção
de Geraldo Vietri

Seriados

1979
• *A Casa Fantástica* – Rede Tupi
Escrita por Walter Negrão – Direção de Atílio
Riccó

1975
• *Senhoras e Senhores* – Rede Tupi
Idealizado por Walter Forster – Escrito por Carlos Alberto de Nóbrega – Direção de Antonino
Seabra

Minisséries

1998
• *Dona Flor e Seus Dois Maridos* – Rede Globo
Adaptação do romance de Jorge Amado – Escrita
por Dias Gomes, Ferreira Gullar e Marcílio Moraes – Direção de Mauro Mendonça Filho

1997
• *Velas de Sangue* – Rede Record
Escrita por Lilinha Viveiros e Paulo Cabral – Direção de Atílio Riccó e Régis Faria

1989

• *O Cometa* – Rede Bandeirantes
Baseado no romance Ídolo de Cedro de Dirceu Borges – Escrita por Manoel Carlos e Ricardo de Almeida – Direção de Roberto Vignati

1983

• *Fernando da Gata* – Rede Globo
Escrita por Fernando Pacheco Jordão – Direção de Atílio Riccó

1981

• *Floradas na Serra* – TV Cultura
Adaptação do romance de Dinah Silveira de Queiroz – Escrita por Geraldo Vietri – Direção de Atílio Riccó

Participações especiais

2008

• *Água na Boca* – Rede Bandeirantes
Escrita por Marcos Lazzarini – Direção de Luís Antônio Piá, Rodolfo Siloto e Marcelo Krause – Direção Geral de Del Rangel

2007

• *Amigas e Rivais* – SBT
Original de Alejandro Pholenz e Emílio Larossa – Adaptação de Letícia Dornelles – Direção de Henrique Martins, Lucas Bueno e Annamaria Dias

1990
• *Brasileiros e Brasileiras* – SBT
Escrita por Carlos Alberto Soffredini – Direção
de Walter Avancini

1989
• *Vida Nova* – Rede Globo
Escrita por Benedito Ruy Barbosa – Direção de
Luiz Fernando Carvalho

1980
• *O Todo Poderoso* – Rede Bandeirantes
Escrita por Clóvis Levy, José Saffioti Filho, Edy
Lima, Ney Marcondes e Carlos Lombardi – Direção de Henrique Martins e David José – Supervisão de Maurice Capovilla

1973
• *A Volta de Beto Rockfeller* – Rede Tupi
Escrita por Bráulio Pedroso – Direção de Osvaldo
Loureiro
• *As Divinas e... Maravilhosas* – Rede Tupi
Escrita por Vicente Sesso – Direção de Oswaldo
Loureiro e Egberto Luiz

1968
• *O Terceiro Pecado* – TV Excelsior
Escrita por Ivani Ribeiro – Direção de Walter
Avancini e Carlos Zara

Teleteatros

2005
• *Senta Que Lá Vem Comédia* – TV Cultura
O Secretário de Sua Excelência
De Armando Gonzaga – Direção de Reinaldo
Santiago – Foi ao ar em 16 de julho de 2005

1973
• *Estúdio A* – TV Tupi
Apenas João
De Duarte Gil – Direção: Geraldo Vietri – Foi ao
ar em 7 de julho de 1973

1967
• *Teatro Allegro* – TV Tupi
Boeing, Boeing
De Marc Camolletti – Direção: Benjamin Cattan
– Foi ao ar em 4 de agosto de 1967
• *Gde Teatro Cacilda Becker* – TV Bandeirantes
Vários episódios entre 1967/1968

1965
• *TV de Vanguarda* – TV Tupi
A Terceira Pessoa do Singular
De Andrew Rosenthal – Direção: Benjamin Cattan – Foi ao ar em 18 de julho de 1965
• *O Canto da Cotovia*
De Jean Anouilh – Direção: Benjamin Cattan – Foi
ao ar em 27 de junho de 1965

Programa

1960
- *Desfile e Música* – TV Piratini (Porto Alegre)

Direção

2003
- *Heresia, Irmãos*
De Euclydes Rocco – Espetáculo beneficente com grupo amador de empresários e personalidades da sociedade paulista

1999
- *Fica Comigo Esta Noite*
De Flávio de Souza – Grupo profissional de Araraquara (SP)
- *Grandessíssimo Filho*
De Euclydes Rocco – Grupo amador ligado à Feasa (Federação das Entidades Assistenciais de Santo André – SP)

1990
- *Palhaçadas*
De João Siqueira – Produção de Elisabeth Hartmann Produções Artísticas

1989
- *O Coelho e a Onça*
De Plínio Marcos – Produção do TBC

Indice

Apresentação – José Serra	5
Coleção Aplauso – Hubert Alquéres	7
Introdução	13
A Origem Germânica	17
A Infância e a Guerra	21
As Voltas da Vida	29
O Primeiro Amor e a Passarela	33
O Teatro Aparece	37
A Sarah dos Pampas	43
Uma Atriz Formada	47
Rumo a São Paulo	51
A Segunda Parte da Minha Vida	55
Muitos Trabalhos como Manequim	59
A Ilha	65
No Palco com Cacilda Becker	71
Na Companhia Nydia Lícia	75
O Marido Fotógrafo	79
Boeing, Boeing	87
Meu Encontro com Mazzaropi	95
Outros Filmes e Histórias do Mazzaropi	101
Trabalhando com Ruth Escobar	111
Questões Políticas	121
Nino, o Italianinho	125

A Mãe em São Paulo	131
Televisão e Teatro	133
Outras Novelas e Trabalhos na TV Tupi	141
Um Outro Amor	157
Filmes na Boca	159
Minha Carreira na Rede Globo	171
A Vida Continua...	183
Extremos	191
Sua Excelência, o Candidato	197
Como Diretora de Teatro	205
A História de Ana Raio e Zé Trovão e Outros Trabalhos	215
A Volta ao Teatro	225
Sou Atriz	231
Trabalhos de Elisabeth Hartmann	239

Créditos das fotografias

Acervo Alfredo Sternheim 166, 167, 168, 169, 198

Águeda Amaral 228,229

Apollo Silveira 78, 82, 83

Cedoc/TV Globo 170, 173, 176, 179, 180, 181

Colabrera 40, 41, 42, 45

Divulgação do filme *A Ilha* 64, 66, 68

Divulgação do filme *O Puritano da Rua Augusta* 97

Divulgação do filme *O Jeca e a Freira* 104, 105

Foto Studio 24

Fredi Kleeman 113

Revista Amiga 144, 145

SBT 221, 222

TV Tupi 124, 127, 147, 152, 153, 154, 155

TV Tupi acervo Etty Fraser 140, 143

TV Manchete 217

A presente obra conta com diversas fotos, grande parte de autoria identificada e, desta forma, devidamente creditada. Contudo, a despeito dos enormes esforços de pesquisa empreendidos, uma parte das fotografias ora disponibilizadas não é de autoria conhecida de seus organizadores, fazendo parte do acervo pessoal do biografado. Qualquer informação neste sentido será bem-vinda, por meio de contato com a editora desta obra (livros@imprensaoficial.com.br/ Grande São Paulo SAC 11 5013 5108 | 5109 / Demais localidades 0800 0123 401), para que a autoria das fotografias porventura identificadas seja devidamente creditada.

Coleção Aplauso

Série Cinema Brasil

Alain Fresnot – Um Cineasta sem Alma
Alain Fresnot

Agostinho Martins Pereira – Um Idealista
Máximo Barro

O Ano em Que Meus Pais Saíram de Férias
Roteiro de Cláudio Galperin, Bráulio Mantovani, Anna Muylaert
e Cao Hamburger

Anselmo Duarte – O Homem da Palma de Ouro
Luiz Carlos Merten

Antonio Carlos da Fontoura – Espelho da Alma
Rodrigo Murat

Ary Fernandes – Sua Fascinante História
Antônio Leão da Silva Neto

Batismo de Sangue
Roteiro de Dani Patarra e Helvécio Ratton

Bens Confiscados
Roteiro comentado pelos seus autores Daniel Chaia e Carlos
Reichenbach

Braz Chediak – Fragmentos de uma vida
Sérgio Rodrigo Reis

Cabra-Cega
Roteiro de Di Moretti, comentado por Toni Venturi e Ricardo
Kauffman

O Caçador de Diamantes
Roteiro de Vittorio Capellaro, comentado por Máximo Barro

Carlos Coimbra – Um Homem Raro
Luiz Carlos Merten

Carlos Reichenbach – O Cinema Como Razão de Viver
Marcelo Lyra

A Cartomante
Roteiro comentado por seu autor Wagner de Assis

Casa de Meninas
Romance original e roteiro de Inácio Araújo

O Caso dos Irmãos Naves
Roteiro de Jean-Claude Bernardet e Luis Sérgio Person

O Céu de Suely
Roteiro de Karim Aïnouz, Felipe Bragança e Maurício Zacharias

Chega de Saudade
Roteiro de Luiz Bolognesi

Cidade dos Homens
Roteiro de Elena Soárez

Como Fazer um Filme de Amor
Roteiro escrito e comentado por Luiz Moura e José Roberto Torero

Críticas de Edmar Pereira – Razão e Sensibilidade
Org. Luiz Carlos Merten

Críticas de Jairo Ferreira – Críticas de Invenção: Os Anos do São Paulo Shimbun
Org. Alessandro Gamo

Críticas de Luiz Geraldo de Miranda Leão – Analisando Cinema: Críticas de LG
Org. Aurora Miranda Leão

Críticas de Rubem Biáfora – A Coragem de Ser
Org. Carlos M. Motta e José Júlio Spiewak

De Passagem
Roteiro de Cláudio Yosida e Direção de Ricardo Elias

Desmundo
Roteiro de Alain Fresnot, Anna Muylaert e Sabina Anzuategui

Djalma Limongi Batista – Livre Pensador
Marcel Nadale

Dogma Feijoada: O Cinema Negro Brasileiro
Jeferson De

Dois Córregos
Roteiro de Carlos Reichenbach

A Dona da História
Roteiro de João Falcão, João Emanuel Carneiro e Daniel Filho

Os 12 Trabalhos
Roteiro de Cláudio Yosida e Ricardo Elias

Estômago
Roteiro de Lusa Silvestre, Marcos Jorge e Cláudia da Natividade

Fernando Meirelles – Biografia Prematura
Maria do Rosário Caetano

Fim da Linha
Roteiro de Gustavo Steinberg e Guilherme Werneck; Storyboards de Fábio Moon e Gabriel Bá

Fome de Bola – Cinema e Futebol no Brasil
Luiz Zanin Oricchio

Geraldo Moraes – O Cineasta do Interior
Klecius Henrique

Guilherme de Almeida Prado – Um Cineasta Cinéfilo
Luiz Zanin Oricchio

Helvécio Ratton – O Cinema Além das Montanhas
Pablo Villaça

O Homem que Virou Suco
Roteiro de João Batista de Andrade, organização de Ariane Abdallah e Newton Cannito

Ivan Cardoso – O Mestre do Terrir
Remier

João Batista de Andrade – Alguma Solidão e Muitas Histórias
Maria do Rosário Caetano

Jorge Bodanzky – O Homem com a Câmera
Carlos Alberto Mattos

José Carlos Burle – Drama na Chanchada
Máximo Barro

Liberdade de Imprensa – O Cinema de Intervenção
Renata Fortes e João Batista de Andrade

Luiz Carlos Lacerda – Prazer & Cinema
Alfredo Sternheim

Maurice Capovilla – A Imagem Crítica
Carlos Alberto Mattos

Mauro Alice – Um Operário do Filme
Sheila Schvarzman

Miguel Borges – Um Lobisomem Sai da Sombra
Antônio Leão da Silva Neto

Não por Acaso
Roteiro de Philippe Barcinski, Fabiana Werneck Barcinski e
Eugênio Puppo

Narradores de Javé
Roteiro de Eliane Caffé e Luís Alberto de Abreu

Onde Andará Dulce Veiga
Roteiro de Guilherme de Almeida Prado

Orlando Senna – O Homem da Montanha
Hermes Leal

Pedro Jorge de Castro – O Calor da Tela
Rogério Menezes

Quanto Vale ou É por Quilo
Roteiro de Eduardo Benaim, Newton Cannito e Sergio Bianchi

Ricardo Pinto e Silva – Rir ou Chorar
Rodrigo Capella

Rodolfo Nanni – Um Realizador Persistente
Neusa Barbosa

O Signo da Cidade
Roteiro de Bruna Lombardi

Ugo Giorgetti – O Sonho Intacto
Rosane Pavam

Vladimir Carvalho – Pedras na Lua e Pelejas no Planalto
Carlos Alberto Mattos

Viva-Voz
Roteiro de Márcio Alemão

Zuzu Angel
Roteiro de Marcos Bernstein e Sergio Rezende

Série Crônicas
Crônicas de Maria Lúcia Dahl – O Quebra-cabeças
Maria Lúcia Dahl

Série Dança
Rodrigo Pederneiras e o Grupo Corpo – Dança Universal
Sérgio Rodrigo Reis

Série Cinema
Bastidores – Um Outro Lado do Cinema
Elaine Guerini

Série Ciência & Tecnologia
Cinema Digital – Um Novo Começo?
Luiz Gonzaga Assis de Luca

Série Teatro Brasil
Alcides Nogueira – Alma de Cetim
Tuna Dwek
Antenor Pimenta – Circo e Poesia
Danielle Pimenta
Cia de Teatro Os Satyros – Um Palco Visceral
Alberto Guzik
Críticas de Clóvis Garcia – A Crítica Como Oficio
Org. Carmelinda Guimarães
Críticas de Maria Lucia Candeias – Duas Tábuas e Uma Paixão
Org. José Simões de Almeida Júnior
João Bethencourt – O Locatário da Comédia
Rodrigo Murat

Leilah Assumpção – A Consciência da Mulher
Eliana Pace

Luís Alberto de Abreu – Até a Última Sílaba
Adélia Nicolete

Maurice Vaneau – Artista Múltiplo
Leila Corrêa

Renata Palottini – Cumprimenta e Pede Passagem
Rita Ribeiro Guimarães

Teatro Brasileiro de Comédia – Eu Vivi o TBC
Nydia Lícia

O Teatro de Alcides Nogueira – Trilogia: Ópera Joyce – Gertrude Stein, Alice Toklas & Pablo Picasso – Pólvora e Poesia
Alcides Nogueira

O Teatro de Ivam Cabral – Quatro textos para um teatro veloz: Faz de Conta que tem Sol lá Fora – Os Cantos de Maldoror – De Profundis – A Herança do Teatro
Ivam Cabral

O Teatro de Noemi Marinho: Fulaninha e Dona Coisa, Homeless, Cor de Chá, Plantonista Vilma
Noemi Marinho

Teatro de Revista em São Paulo – De Pernas para o Ar
Neyde Veneziano

O Teatro de Samir Yazbek: A Entrevista – O Fingidor – A Terra Prometida
Samir Yazbek

Teresa Aguiar e o Grupo Rotunda – Quatro Décadas em Cena
Ariane Porto

Série Perfil

Aracy Balabanian – Nunca Fui Anjo
Tania Carvalho

Arllete Montenegro – Fé, Amor e Emoção
Alfredo Sternheim

Ary Fontoura – Entre Rios e Janeiros
Rogério Menezes

Bete Mendes – O Cão e a Rosa
Rogério Menezes

Betty Faria – Rebelde por Natureza
Tania Carvalho

Carla Camurati – Luz Natural
Carlos Alberto Mattos

Celso Nunes – Sem Amarras
Eliana Rocha

Cleyde Yaconis – Dama Discreta
Vilmar Ledesma

David Cardoso – Persistência e Paixão
Alfredo Sternheim

Denise Del Vecchio – Memórias da Lua
Tuna Dwek

Emiliano Queiroz – Na Sobremesa da Vida
Maria Leticia

Etty Fraser – Virada Pra Lua
Vilmar Ledesma

Geórgia Gomide – Uma Atriz Brasileira
Eliana Pace

Gianfrancesco Guarnieri – Um Grito Solto no Ar
Sérgio Roveri

Glauco Mirko Laurelli – Um Artesão do Cinema
Maria Angela de Jesus

Ilka Soares – A Bela da Tela
Wagner de Assis

Irene Ravache – Caçadora de Emoções
Tania Carvalho

Irene Stefania – Arte e Psicoterapia
Germano Pereira

Isabel Ribeiro – Iluminada
Luis Sergio Lima e Silva

Joana Fomm – Momento de Decisão
Vilmar Ledesma

John Herbert – Um Gentleman no Palco e na Vida
Neusa Barbosa

José Dumont – Do Cordel às Telas
Klecius Henrique

Leonardo Villar – Garra e Paixão
Nydia Lícia

Lília Cabral – Descobrindo Lília Cabral
Analu Ribeiro

Lolita Rodrigues – De Carne e Osso
Eliana Castro

Louise Cardoso – A Mulher do Barbosa
Vilmar Ledesma

Marcos Caruso – Um Obstinado
Eliana Rocha

Maria Adelaide Amaral – A Emoção Libertária
Tuna Dwek

Marisa Prado – A Estrela, o Mistério
Luiz Carlos Lisboa

Miriam Mehler – Sensibilidade e Paixão
Vilmar Ledesma

Nicette Bruno e Paulo Goulart – Tudo em Família
Elaine Guerrini

Niza de Castro Tank – Niza, Apesar das Outras
Sara Lopes

Paulo Betti – Na Carreira de um Sonhador
Teté Ribeiro

Paulo José – Memórias Substantivas
Tania Carvalho

Pedro Paulo Rangel – O Samba e o Fado
Tania Carvalho

Regina Braga – Talento é um Aprendizado
Marta Góes

Reginaldo Faria – O Solo de Um Inquieto
Wagner de Assis

Renata Fronzi – Chorar de Rir
Wagner de Assis

Renato Borghi – Borghi em Revista
Élcio Nogueira Seixas

Renato Consorte – Contestador por Índole
Eliana Pace

Rolando Boldrin – Palco Brasil
Ieda de Abreu

Rosamaria Murtinho – Simples Magia
Tania Carvalho

Rubens de Falco – Um Internacional Ator Brasileiro
Nydia Lícia

Ruth de Souza – Estrela Negra
Maria Ângela de Jesus

Sérgio Hingst – Um Ator de Cinema
Máximo Barro

Sérgio Viotti – O Cavalheiro das Artes
Nilu Lebert

Silvio de Abreu – Um Homem de Sorte
Vilmar Ledesma

Sônia Guedes – Chá das Cinco
Adélia Nicolete

Sonia Maria Dorce – A Queridinha do meu Bairro
Sonia Maria Dorce Armonia

Sonia Oiticica – Uma Atriz Rodrigueana?
Maria Thereza Vargas

Suely Franco – A Alegria de Representar
Alfredo Sternheim

Tatiana Belinky – ... E Quem Quiser Que Conte Outra
Sérgio Roveri

Tony Ramos – No Tempo da Delicadeza
Tania Carvalho

Vera Holtz – O Gosto da Vera
Analu Ribeiro

Vera Nunes – Raro Talento
Eliana Pace

Walderez de Barros – Voz e Silêncios
Rogério Menezes

Zezé Motta – Muito Prazer
Rodrigo Murat

Especial

Agildo Ribeiro – O Capitão do Riso
Wagner de Assis

Beatriz Segall – Além das Aparências
Nilu Lebert

Carlos Zara – Paixão em Quatro Atos
Tania Carvalho

Cinema da Boca – Dicionário de Diretores
Alfredo Sternheim

Dina Sfat – Retratos de uma Guerreira
Antonio Gilberto

Eva Todor – O Teatro de Minha Vida
Maria Angela de Jesus

Eva Wilma – Arte e Vida
Edla van Steen

Gloria in Excelsior – Ascensão, Apogeu e Queda do Maior Sucesso da Televisão Brasileira
Álvaro Moya

Lembranças de Hollywood
Dulce Damasceno de Britto, organizado por Alfredo Sternheim

Maria Della Costa – Seu Teatro, Sua Vida
Warde Marx

Ney Latorraca – Uma Celebração
Tania Carvalho

Raul Cortez – Sem Medo de se Expor
Nydia Lícia

Rede Manchete – Aconteceu, Virou História
Elmo Francfort

Sérgio Cardoso – Imagens de Sua Arte
Nydia Lícia

TV Tupi – Uma Linda História de Amor
Vida Alves

Victor Berbara – O Homem das Mil Faces
Tania Carvalho

Walmor Chagas – Ensaio Aberto para Um Homem Indignado
Djalma Limongi Batista

Formato: 12 x 18 cm

Tipologia: Frutiger

Papel miolo: Offset LD 90 g/m²

Papel capa: Triplex 250 g/m²

Número de páginas: 272

Editoração, CTP, impressão e acabamento:
Imprensa Oficial do Estado de São Paulo

Coleção Aplauso Série Perfil

Coordenador Geral	Rubens Ewald Filho
Coordenador Operacional e Pesquisa Iconográfica	Marcelo Pestana
Projeto Gráfico	Carlos Cirne
Editor Assistente	Felipe Goulart
Tratamento de Imagens	José Carlos da Silva
Revisão	Dante Pascoal Corradini

© **imprensaoficial** 2008

**Dados Internacionais de Catalogação na Publicação
Biblioteca da Imprensa Oficial do Estado de São Paulo**

Braga, Reinaldo
  Elisabeth Hartmann : a Sarah dos Pampas / Reinaldo Braga
– São Paulo : Imprensa Oficial do Estado de São Paulo, 2008.
  272p. : il. – (Coleção aplauso. Série perfil / Coordenador
geral Rubens Ewald Filho)

  ISBN 978-85-7060-682-2

  1. Atores e atrizes cinematográficos – Brasil – Biografia
2. Atores e atrizes de teatro – Brasil – Biografia 3. Atores e
atrizes de televisão – Brasil - Biografia 4. Hartmann, Elisabeth
I. Ewald Filho, Rubens. II. Título. III. Série.

CDD 791.092

Índices para catálogo sistemático:
1. Filmes cinematográficos brasileiros : Roteiros :
Arte 791.437 098 1
2. Roteiros cinematográficos : Filmes brasileiros :
Arte 791.437 098 1

Proibida reprodução total ou parcial sem autorização
prévia do autor ou dos editores
Lei nº 9.610 de 19/02/1998

Foi feito o depósito legal
Lei nº 10.994, de 14/12/2004

Impresso no Brasil / 2008

Todos os direitos reservados.

Imprensa Oficial do Estado de São Paulo
Rua da Mooca, 1921   Mooca
03103-902   São Paulo   SP
www.imprensaoficial.com.br/livraria
livros@imprensaoficial.com.br
Grande São Paulo SAC 11 5013 5108 l 5109
Demais localidades 0800 0123 401

Coleção *Aplauso* | em todas as livrarias e no site
www.imprensaoficial.com.br/livraria

editoração, ctp, impressão e acabamento

imprensaoficial

Rua da Mooca, 1921 São Paulo SF
Fones: 2799-9800 · 0800 01234C1
www.imprensaoficial.com.br